The Sixth Man
• A MEMOIR •

硬核第六人
伊戈达拉自传

[美] 安德烈 · 伊戈达拉　著
林子诚 张钰杰　译

金城出版社
GOLD WALL PRESS
中国 · 北京

图书在版编目(CIP)数据

硬核第六人：伊戈达拉自传 / (美) 安德烈·伊戈达拉著；林子诚，张钰杰译. —
北京：金城出版社有限公司，2022.8
书名原文： The Sixth Man: A Memoir
ISBN 978-7-5155-2359-0

Ⅰ. ①硬… Ⅱ. ①伊… ②林… ③张… Ⅲ. ①伊戈达拉－自传
Ⅳ. ①K837.125.47

中国版本图书馆CIP数据核字(2022)第104165号

硬核第六人：伊戈达拉自传
YINGHEDILIUREN : YIGEDALAZIZHUAN

作　　者 (美) 安德烈·伊戈达拉
译　　者 林子诚　张钰杰
责任编辑 李明辉　张礼文
责任校对 王思硕
责任印制 李仕杰
开　　本 710毫米×1000毫米　1/16
印　　张 16
字　　数 150千字
版　　次 2022年8月第1版
印　　次 2022年8月第1次印刷
印　　刷 鑫艺佳利（天津）印刷有限公司
书　　号 ISBN 978-7-5155-2359-0
定　　价 59.80元

出版发行 金城出版社有限公司 北京市朝阳区利泽东二路 3 号 邮编：100102
发 行 部 （010）84254364
编 辑 部 （010）64391966
总 编 室 （010）64228516
网　　址 http://www.jccb.com.cn
电子邮箱 jinchengchuban@163.com
法律顾问 北京市安理律师事务所 18911105819

序　言

那个夏天改变了我。毫无疑问，任何事情都会让你有所改变，但总有一些时刻对你影响更深。在那些时刻，生活在你面前逐层展开，直到你意识到未来的可能性犹如整个宇宙，目不转睛地注视着你。那个夏天，未来的所有可能性就出现在奥兰多、佛罗里达，甚至任何地方。准确地说，是出现在迪斯尼乐园。我的家乡在伊利诺伊州的斯普林菲尔德，高中是我到过的离家最远的地方。过了这个夏天，就是我高中的最后一年。

那是 2001 年。Jay−Z 的歌 *Izzo* 刚刚问世，我们迷得忘乎所以。在去佛罗里达的路上，我和队友一直在听这首歌。也是在那次旅途中，我开始感受到，自己和那群来自大城市芝加哥的孩子很合拍，我第一次有了归属感。和他们相比，我就是一个从小地方来的乡巴佬，瘦瘦高高的，长着一对特别大的耳朵。他们常常取笑我，因为我穿着很土，不懂时尚，甚至他们在谈论的话题，我连一半都听不懂。我试着融入他们的圈子，但天然屏障太多。我来自乡下，在 AAU 打球，而他们都来自大城市。

对于从未走出斯普林菲尔德小镇的人，不知道外面的世界有何不同。这是正常的，因为没有参照物。突然有一天，我却要坐在开往佛罗里达的巴士上，即将去一个叫迪斯尼乐园的地方打全国篮球联赛。一路上，我望着窗外，宽阔的林荫道向远方延伸，路旁的棕榈树好像被湿漉漉的空气压得耷拉下来。我看到一个又一个购物中心，还有延绵数英里的草场，地面滚着热浪。眼前的一切都太陌生了，不知道的，还以为我到了水星。

脚下的地面不断向前移动着，我不明白自己的生活发生了什么。即便这样，随着上下半场潮起潮落，我还在不断地叮嘱自己：你是一个很不错的高中篮球运动员，但最重要的是，你热爱比赛。我喜欢感受比赛中的感觉。我很享受场上的存在感，发现队友空切的时机，快速给他传球，看他接球、上篮一气呵成。我喜欢和挚友瑞奇·麦克布莱德一起打球，他也来自斯普林菲尔德，但已经比我名气大。《篮球》杂志给他的排名很高，他在大学一年级就进入校队。他是一个明星，每个人都崇拜他，在他面前，我就显得相形见绌了。因为我没那么厉害，没那么出名。

我痴迷训练，想变得更好。我喜欢一个人在球馆投篮，直到双腿瘫软。我还喜欢在场边观看比赛，琢磨球员做什么、教练想什么。我只想尽可能做到最好，尽可能学到更多的东西，赢得属于自己的位置。

但是奇怪的事情发生了。暑假前，我收到耐克训练营的邀请。那是更高水平的舞台，只有国内最高水平的高中球员才有资格参加，而我并不认为自己有多优秀，但是我居然就在受邀之列。我参加了那个训练营，扎实训练，不犯错误，全力以赴。训练营结束时，我并不知道自己表现如何，但是一个月之内，各地NCAA一级联赛的教练都来联系我，包括阿肯萨斯大学的诺兰·理查德森、马里兰大学的加里·威廉姆斯、堪萨斯大学的罗伊·威廉姆斯，还有亚利桑那大学的鲁特·奥尔森，感觉像做梦一样。那时，我还只是一支AAU球队里的二当家，我真的有实力去打大学联赛？

接下来，我利用暑假前半程参加Peach Jam联赛。在那里，我大开眼界，见到很多天赋爆表的球员，特别是一个叫拉沙德·麦肯茨的家伙，身高1米93，他是新罕布什尔州一个预科学校校队的后卫。我至今还认为，他是各级联赛史上，球商和天赋都能排进前五名的球员。但他只在AAU打了三年，怎么会这样呢？很多年以后，我才知道答案，球员越往上走，比赛水平越高，随时都可能被取代。即使实力再强，也不能保障生涯无忧，因为场上场下都充满不确定因素。你会认识优秀的经纪人，你会在无数个清晨开始训练，你会经历各种伤病、瑜伽康复和营养师的严苛挑战。你会格外关注睡眠，学会管理情绪，直到坚如磐石。培养这种杀手般的冷静，只有在比赛最后三秒，球队仍落后两分的时候，才显示出它的弥足珍贵。在全场四万五千人的尖叫声中，你需要同时观察、思考、预判场上十个人的下一个动作。篮球比赛就是这些东西组成的，还有无数的伤病、交易的流言；你会遇到令人难以信任的教练，偶尔碰到某个裁判，他频繁的警告，让你想起小时候紧盯你不放的警察，那些警察怒视着你和你的伙伴，在他们看来，你们并不是孩子，而是随时可能咬人的动物。那种眼神让你头皮发麻，要么反抗要么沉默，这样的想法不断累积，不知道在什么时候就会爆发。

那时我对这些一无所知。我是Jay-Z的铁粉，努力寻找着归属感。我还在疯长个子的年纪，不想在比赛中丢脸。我还爱逗人笑，常常把一个助理教练香烟里的烟丝掏出来，再放回去少许，他点烟时，整根烟一下子烧起来。我们都觉得这样做很好玩，而那个教练却被气得要死。我的确不知道有人烟瘾会那么大。

在Peach Jam联赛，我们打进四强，但没有赢得冠军。我觉得最后一场比赛结束得太快了，那些家伙又快又准。我不知道怎么跟上他们，也找不到战胜他们的办法。拼尽全力，结果却不尽如人意，让我很失望。那个夏天，我参加了耐克训练营，在Peach Jam联赛打得也不错，但依然觉得有些吃力。

在迪斯尼联赛中，我们打进半决赛，对手是来自东海岸的球队，好像来自哥伦比亚特区或者巴尔的摩。那时，我和其他城市的孩子打球，信心还不是很足，但应付同队的那些芝加哥男孩子却绰绰有余。总体来说，我们觉得自己不必惧怕任何人，不管他们来自哪里，但是那些家伙好像故意针对我。比赛暂停时，我看到对面的球员和教练都在盯着我，一旦我接到球，就有一两个家伙冲到我面前。我开始意识到，这些家伙可能把我当成当家球星对待了。在斯普林菲尔德参加预备队和校队比赛的时候，我也被包夹过，但我还能轻松应对。但在这里，情况就不一样了。这里都是十七八岁的篮球精英，他们马上就要打NCAA一级联赛，防守强度和高中篮球比赛完全不同。当这些人玩命防我，对我寸步不离，我连喘息的机会都没有。

我们努力咬住比分，不让分差拉大，但是我没有办法用习惯的方式进攻。比赛结束前三四秒，他们又得分了，我们落后两分。我们叫了暂停，这样就可以在前场发球。暂停时间内其实也没什么可说的，我的意思是，尽管我们都很强，但这是AAU，没人会布置复杂的战术。基本上你能做的就是拿球，降低重心，出手投篮。我们队里有一个聪明、可靠的白人男孩。教练给他设计战术接球，然后获得投篮机会。我们返回球场时，他却对我说："安德烈，我会把球传给你，你准备好。"

我？在比赛最后几秒、落后两分的情况下，我是全队可以信任的人吗？

白人男孩拿到球，运了一下，在篮下发现了我。如果没记错的话，我当时离篮筐大概10米开外，感觉已经快到中线了。我没多想，也没抱太多希望，只是把球投出去，就那么简单。除了我和篮筐，世界一片空白，我把球投向篮筐，就像呼吸一样自然。就在这时，对方一个球员朝我飞扑过来，都要贴到我身上了。我在惯性的作用下后仰。他挡住了我的视线。在他的身后，篮球径直飞向篮筐。

涮网，球进。

所有人都陷入疯狂状态，我甚至都不知道那时要做些什么，只知道自己在场上又跑又跳、又喊又叫、见谁抱谁。2001年的那个夏天，在佛罗里达，我们这群青春洋溢的小伙子，在学校的千里之外，肆意奔跑，舞动双臂，大汗淋漓，尽情享受胜利的喜悦。如同幼儿园的小朋友独自参加枕头大战，在装满了万圣节糖果的碗前蹦蹦跳跳。

我还记得赛后和对方球员握手时，对方一个球员说："该死，我们被他绝杀了！"真的不敢相信，他们都在谈论我。

下一场比赛，对面的球队里有J.J·雷迪克，他当时是全国高中球队最知名的射手。我负责防守他，尽可能阻止他得分。那场比赛对我来说很完美，一场比赛就改变了我的球风。多年以后，我的队友克莱·汤普森简洁地描述出这种感觉。他对我说："你感觉自己什么都能做到。"就是那种感觉，你仿佛无所不能。

那个夏天，我第一次产生这种感觉，那是一种看不见的力量，简单、纯粹，让你无所不能，让你的比赛节奏变慢，肌肉变强，酸痛快速消失。有了这种感觉，篮筐宽如大海，对方的防守归零。那个夏天的某个时刻，我找到了这种感觉，也为我打开了新天地，使我可以在遥远的时空创造属于自己的未来——冠军和奖杯、广告和投资、媒体关注和豪车、奥运会冠军和财富，出席科技论坛，还有——对，出本书。我能看到的未来，离伊利诺伊州的斯普林菲尔德越来越远。

但是，如果我想拥有一切，就必须把过去全部放下，必须从零开始，甚至不惜遍体鳞伤。即使如此，那种感觉也在流逝，它像夏夜的萤火虫悄然出现，随即消失。大多时候，那种感觉伴随着迷茫、纠结、困难和挫折而消逝，更黑暗、更坎坷、更难以控制，这是2001年夏天在佛罗里达的我远远无法想象的，更是不能理解的。大多时候，我会一次又一次地寻找那份自由。

目　录

1

早年的教训

生活在美国中西部的人，平静、单纯、不做作。在我的家乡，一年四季都很难熬。冬季，因为没有高山也没有高楼，狂风长驱直入，无情地肆虐着这里的人。寒风刺骨，每寸肌肤都快裂开，人类身体的构造似乎无法适应这样恶劣的环境。这里的冬季让人懂得在大自然面前，何谓弱小如蚁，人类是不可能与这里的寒冬狂风抗衡的。人就是人，身体是你的全部，而这远远不够。

夏季又以另一种方式折磨你。湿重的空气裹在身上，让人窒息。无论你走到哪里，苍蝇和蚊虫都会如影随形。衣服被汗水浸透，晒干，再浸透，日复一日。人们早就习惯了被蒸干后的咸咸味道，不得不做冲调果汁，靠冰块和冰棍续命。冬夏冰火两重天，都不舒服，春秋也是如此。对此，当地人学会了忍受，也学会了接受，反正习惯就好。

我的家乡，伊利诺伊州的斯普林菲尔德，11.5 万人，其中大概有 2 万黑人。在我幼年时，黑人世界就是封闭的世界。按照官方的说法，斯普林菲尔德不是实行种族隔离的小镇，这是因为官僚根本不在乎你是什么种族。事实上斯普林菲尔德的种族隔离无处不在，一直如此，永远不变。这并不是偶然的。1908年，这里发生了美国历史上最严重的种族暴乱。两名黑人男子分别因强奸、强奸未遂一名白人女性而被指控。为了保证司法公正，镇上的治安官把他们移送到另一个镇子的监狱，但是5000个白人决定向整个黑人社区发起进攻，杀死15人，私刑处置2人，在光天化日之下焚烧尸体。一个婴儿因吸入烟尘死亡；有一名80多岁的商人，因为是林肯的朋友，被一个卖菜的白人商贩割喉。当时造成的财产损失如果换算成现在的金额，超过400万美元，其中包括一些白人商店的损失，因为他们对黑人过于友好。发生在北部的斯普林菲尔德暴乱是创立全美有色人种协进会（NAACP）所致。据说领导暴乱的白人女性凯特·霍华德，在游历南方后写道："吉姆·克劳法（泛指1876年至1965年间美国南部以及边境各州对有色人种实行种族隔离制度的法律）对有色人种的隔离，卓有成效地让黑人认识到他们属于哪里，对此她深受启发。但在面临审判之前，她自杀了。那名提出强奸指控的白人女性玛贝尔·哈勒姆，后来承认自己编造了整个故事，以此来掩饰丈夫对她的虐待，而她从未被定罪。

经历了这样的历史惨案，一个小镇没有任何能力做出改变，除非人们真正努力去面对，但斯普林菲尔德一切如旧。伊利诺伊州联合大会甚至直到2008年才正式承认这场暴乱发生。真实的情况是，随着一代又一代人的成长，这场暴乱带来的创伤，已经渗入人们的骨髓，深深地烙在这座城市市民的基因中。黑人和白人站在泾渭分明的界限两边，生活在各自的孤岛里，互相充满猜忌。到我这一代，一切还是老样子，不易察觉，却已固化。我们从未想过另一种可能，大多数斯普林菲尔德人也很少想过去改变什么。

黑人有黑人的世界，我有我的圈子。我的圈子里，有妈妈、哥哥、外婆、表兄弟姐妹、联赛教练、我，这些人构成我的世界。我记得那些夏天，热浪从柏油马路上升腾而起，一望无际的田野上，茂盛的野草长得和我一般高。

我的外婆叫波莱萨·韦伯斯特，她对我幼年生活产生了很大的影响。她是一个坚强又慈祥的老人，现在我眼前还常常浮现出她站在阳光下，悉心照料菜园，我满屋跑，见到什么玩什么的画面。外婆对那个菜园倾尽心血，视若己命一般。她能种出最好吃的蔬菜，如饱满的西红柿、色彩鲜艳的成熟豆子，还有香甜的豌豆和草莓，都被她用来做电心和炖菜。那些夏日安静的下午对我来说有一种魔力——忙碌的外婆在一旁看着年幼的我将小手插入泥土里感受太阳的温暖。

然而这样的安宁来之不易。我得时时小心，不能惹怒外婆。外婆总是很慈祥，很多时候非常和蔼可亲，但是如果惹她不高兴，肯定没好果子吃。

有一天，外婆给我上了难忘的一课。外婆把家里变成社区收容所，收养了一些孩子，那些孩子的父母因为一些原因无法照顾他们。所以家里除了自家孩子，常常还有三四个孩子在外婆身边。我从来不知道他们的身世，有可能他们的父母犯了罪入狱或者常年吸毒。但不管他们身世如何，外婆让他们住下，依靠县里微薄的补助，把这些孩子当作家人收养和我们同吃同住。

外婆家旁边有一个摇摇晃晃的旧篮筐，我大概8岁的时候，有一天下午，我在下面投篮。其他小孩子都在外面玩耍，有的在旁边的空地上玩，有的在花园里跑来跑去。我喜欢一个人待着，有篮球和篮筐就够了。外婆整个上午都在做家务，打扫房间、晒衣服，有小孩子捣乱或者用小棍子欺负别人，她会停下来呵斥两句，但大部分时候，她不管我们。她把一个旧床垫搬出来晒，我猜可能是某个小孩夜里尿床了。她放好床垫，就回去做她的事情。

毫无疑问，一个放在外面的床垫对大多数孩子来说实在太有吸引力了，孩子们一个个凑过去，在上面乱跳。接下来，他们在床垫上做翻滚的动作，摆出超人飞翔的姿势。很快，他们又设计出了一个游戏，看谁能把谁推下垫子。他们冲我喊："快点来玩啊，安德烈！和我们一起玩！"那个游戏看上去的确很好玩，而且我最小，其他人带我玩的时候，我很开心。但我转念一想，虽然外婆没有特别强调，可我感觉她看到我们的行为肯定不会高兴。所以尽管跳床垫很有诱惑，我依然决定继续玩我的篮球。

但我毕竟还是小孩子，很难抗拒这种游戏的诱惑。所有孩子被弹来弹去，咯咯笑个不停，看起来实在太开心了。没过一会儿，我受好奇心驱使，悄悄地朝床垫移过去，也在上面跳起来。我发誓，我到床垫上还没有三秒钟，外婆就神不知鬼不觉地出现了。其他孩子都跑掉了，只有我被抓了个正着。她站在我面前，我拼命解释，这不是我的错，我刚才一直在投篮，是他们先蹦的。但是外婆根本不听我解释，盯着我问："你刚才在那边投篮，对吗？但是我看到你的时候，你就在这里，篮筐呢？"我无言以对。那天所有在外面玩的小孩子，包括我都挨揍了。这是我最早汲取的人生教训，可能也是最重要的——如果我专心打篮球，就会避免很多麻烦。

外婆来自阿肯萨斯州。一开始，她和我母亲的生父搬到堪萨斯。提到母亲的生父，我只见过他一次，我那时太小了，对他没什么印象，只记得他个子很高，深色皮肤，别人告诉我他是外公。我想外婆应该在堪萨斯住了很久，因为她的姐姐简在2017年去世之前一直住在堪萨斯。我母亲上高中以后，外婆和她第一任丈夫、也就是我母亲的生父离婚，然后她们搬到斯普林菲尔德，和第二任丈夫生活。我从来没见过第二个外公。因为我出生后，外婆就是单身了，我想她可能喜欢独居。

那时，我在老小区住过很短的一段时间，不久就和外婆搬到卡彭特街一栋两层的房子。那栋房子位于斯普林菲尔德工薪阶层居住区，也成了我童年的活动中心，从我上小学起，就和妈妈、哥哥住在顶楼，一直住到我上中学后妈妈再婚。

我的童年很顺遂也很有趣，从某些方面看，也很美妙。我是一个"妈宝男"，一刻也不想离开母亲。那是我第一个真实"身份"，大家常常嘲笑我，但是如果母亲离开我一个晚上，我都受不了，整夜哭个不停。

在同龄人中，与我最亲近的人是哥哥弗兰克。他只比我大18

个月。你可能会认为，两个一起长大的男孩子会成为好的朋友，事实上完全不是这样。我和弗兰克性格迥异，所以从很小的时候，我们的生活就不一样。说实话，直到最近，我们才开始真正喜欢对方。

在我们这样一个庞大的家庭里，我和弗兰克不需要那么亲密。这种情况有点像电影《精神食粮》，外婆处于家庭核心。我两个姨妈常常过来，其中一个姨妈有三个孩子，另一个有两个孩子。加上外婆收养的孩子和邻居家的孩子，随时都有十来个孩子跑来跑去。我的表兄弟、表姐妹根本不像一般的表亲，他们更像是我的亲兄弟、亲姐妹，我每天都和他们待在一起。其中我最喜欢两个表兄弟，因为我们年龄相仿。

弗兰克的性格很古怪，比我更叛逆，也更爱惹麻烦。我从小就学会的低调谨慎，在他那里一点影子也没有。他随时都摆出一副挑战者的姿态，不喜欢输，也不喜欢遵守规则。什么都改变不了他，惩罚、挨揍，他统统不在乎。他常说："那又怎么样？不就是痛一下嘛。"他总是以自己的方式想做什么就做什么，什么时候想做就什么时候做，他一直做真实的自己。有时我很羡慕他这一点，但有时候，这也很令人讨厌。

弗兰克只从自己的角度看问题，而且很固执。让他顾及别人的感受简直会要了他的命。首先，他以前常常撒谎，什么人都骗，明目张胆地骗。不管他玩什么游戏，他都投机取巧，还不承认。我记得小时候有一次和他在球场单挑，每次我拿球，他都想抢断，把我胳膊顶开，把我推倒在地。他美其名曰“身体对抗”，但根本就是实打实的犯规。我指出来时，他还死不承认，说：“什么？小子，我都没碰到你。”真是让我抓狂。我知道他在胡扯，他也知道，但是他理直气壮的样子却能让我产生自我怀疑。我必须和他有很多身体对抗才能投进一个球。这种身体对抗在别人看来，更像打橄榄球，而不是打篮球。他常耍的另一种花样，是在比赛中改分数。每次我领先或者打平时，他就会说：“不对，小弟，我还是领先，现在是8∶7。”

在这种情况下，我确实感觉很无力。有时候我真想把球大力扔出去，然后愤然离场，恨不得再往墙上捶一拳头。但是我知道这样做，他只会嘲笑我像小孩一样幼稚，所以我很想揍他一顿。我越生气，就变得越专注。起初只是兄弟之间的比赛，会突然变成一场生死存亡的决斗。在成长过程中，我一直保持平静和稳重，也为自己这份心境而骄傲。我不是那种情绪容易失控的类型。我见过因情绪失控对其他人造成的恶果，我并不想成为那样的人。但是和弗兰克打球让我异常恼火，我也知道自己必须控制住情绪，因为他是我的哥哥，所以我默默忍受，尝试如何将这股怒火转化成比赛的能量，就像服用一种帮助我获得运动能量的药物。做到这一点，我就可以瞬间跑得更快，跳得更高，上篮速度更快。我想证明给他看，他的下三滥招数无法阻挡我。在那段时间里，我对整个世界的态度都是如此。而这种优点，最初是从我哥哥那里学到的。

我和弗兰克最大的区别，可能并非我们的本性，而是我们驾驭本性的方式。我们都好斗，都很有活力，也非常喜欢竞争。但是不知道为什么，我总能找到一种方式引导自己的本性。我是一个活泼好动的孩子，有时候我感觉自己比别人敏感，也常常因此焦躁不安。但是我很小就知道，如果你专注于一件事情，特别是当你想要做得比别人更好，麻烦就不会找到你，那是因为我想努力解决的有麻烦。

上学对我来说特别轻松。我一直热衷体育运动和阅读，这应该是受我母亲的影响。在我家，阅读是一件不需要命令的事情。因为我知道，如果不读书，就不会有出息。我能找到办法把阅读变成一项竞争性活动。初中的一个暑假，我们有个阅读任务：每读完一本书，就可以得到一张贴纸，积累到一定数目，暑假结束就能有参加披萨聚会的机会。我得知这个任务后，像打了鸡血似的，一想到别人在努力得贴纸，我就倍受激励。我受不了别人在读书方面比我更强。整个暑假，我埋在书堆里，读完一本又一本。也许你不信，到了秋天，我是班里第一个参加披萨聚会的孩子。

报纸也是我家的日常读物，这缘于母亲的影响。她一直强调我们必须接受教育，如果我们胆敢抱怨看报纸很无聊（这种情况很少出现），没等我们说完，她就会把报纸朝我们摔过来。就这样，我逐渐对国际时事、商业、文化和新闻产生兴趣，熟悉新闻报道的方式和媒体新闻运作的过程。有些记者写的结尾非常精彩，总会让我着迷。大多数孩子想上电视，而我小时候觉得能在斯普里菲尔德当地报纸上露个脸，就厉害得不行了。

我那时认为，从小阅读报纸是很平常的事，直到我12岁去一个远房表姐家做客，才知道我们很不一样。我和哥哥在客厅里看报纸时，表姐的男朋友进来，瞪着我们看了一会儿，然后大笑，问：“你们到底在干吗？”

“看报纸啊。”

“你们看报纸？”

“你们不看吗？”

我第一次意识到，我们家的教养方式和身边很多家庭不一样，就好像我们和他们处在两个不同的世界。在操场和球场上，我们很酷，体格健壮，有人找麻烦时，不会主动攻击，也不会忍气吞声。回到家，我们接受良好的教育，举止得体，备受呵护，也具有思辨能力。在我离开斯普林菲尔德之后，发现很多大学生和NBA球员都是如此，但是在家乡，我是少数能做到这一点的人。

小时候除了阅读，我们做得最多的还有跑步。斯普林菲尔德的一个好处就是，随处都能找到一片开阔的场地。我们创造了很多游戏，如捉迷藏、棍子球、撕名牌等。我和表兄弟、邻居家的孩子占领了以街区为半径活动的范围，还有离外婆家两户之外的一片空地，也是我们的地盘。我们在那里打棒球，用捡来的棍子、纸盒和砖块搭成垒。在橄榄球赛季，我们也有街区的橄榄球比赛。我们这里孩子很多，一直都有各种各样的活动。夏天的晚上，我们一直在外面玩耍，直到筋疲力尽。那时，天空最后一点光亮也消失了，树丛中传来蟋蟀和蝉的鸣叫声。秋冬季节，我们成群结队在雪地上奔跑，互相追逐，在冰冻的地上玩触身式橄榄球，只有实在冻得受不了了才停下来哈气焐焐手。那时的生活很简单，也很充实。我们有家人朋友，衣食无忧，可以读书，也有足够的空间奔跑玩耍。

母亲是我世界的中心，我从未想过离开她。在中西部，春季和潮湿的暮夏午后，暴风雨时常降临。天空可能会突然乌云密布，热浪压得人喘不过气。你在田野跑了一天，已经筋疲力尽。这时候，天空像着了火，电闪雷鸣，乌云中裂开一道口子，大雨倾盆而下。这样的天气让我很害怕，是我在学前班时能想到的最可怕的事情。守在母亲身旁是最安全的。我跑向她，希望她能保护我。如果暴风雨出现在晚上，我会爬进母亲的被窝。我不在乎哥哥或者别人笑话我，母亲身旁是我感到最安全的地方。我一生曾经去过很多地方，见过很多人，感受也很多，但我始终记得小时候被雷电吓坏的样子，只有妈妈才能让我安心。

我的母亲名叫琳达·香克林，是一位上进、坚强、有爱心的女人。我们深知她对我们的爱，但同时也知道，惹她生气绝对不是聪明的选择。首先，我母亲身高有 1 米 82。我很爱她，但不代表我不怕她。她高中时打篮球，成家后依然有运动员的素质和反应力，要是我要什么花招，向来逃不出她的掌心。而且，她很清楚在斯普林菲尔德这样的小镇，抚养两个黑人男孩就必须让他们随时守规矩。如果她不帮我们认清自己行为的边界，我们就行走在生死边缘。斯普林菲尔德的黑人社区经济发展不太好，失业率很高，工作机会稀缺，人们生活得很艰难。当黑人与白人发生冲突时，黑人社区的安全和秩序无法得到保证。除此之外，你还要时刻提防那些权贵、陪审团成员，甚至在街上执法的白人警察。我们很少看到警察为黑人社区提供安全保护，报警充其量是黑人走投无路的最后一个选项。但对于大多数黑人来说，警察更像有执照的流氓，我们不得不防。

我母亲很清楚黑人男孩进监狱、进医院、进棺材途经有很多，其他出路却很少。她只知道一条路，就是教育和纪律。她以身作则，教会我这些。

上幼儿园的某一天，我和小伙伴领到一个小任务，每个人都拿到一个红色气球，要在气球上写一些话，然后放飞，气球落地后，如果有人捡到，可以给我们学校写信，听起来很不错。一群小朋友拿着自己写好的气球，排队走到运动场。老师要求我们听口令，最后一起放飞气球，孩子毕竟是孩子，我控制不了放飞快感的诱惑，所以走到外面就松手了，目送气球飞上天空。开始我还觉得很有趣，但很快就发现大事不妙，因为只有我手里没有气球。

所以我做了任何幼儿园小孩都会做的事情，朝一个同学走过去，让他把气球也放掉。他自然不同意，于是我掰开他的手，气球飘向天空。

这下他整个人都不好了，开始大哭大叫。老师目睹这一切，我也就逃不掉了。回到教室后，老师把我的名字写在黑板上，聪明的孩子可能直接认㞞，不再辩解，但是我还想试一下。我向来不喜欢犯错，哪怕我知道自己错了。我挑战老师，“那又怎么样？”我说，“我什么也没做。”这一看就是在撒谎。

我的行为触犯了老师的底线，他在我名字旁边又加了一个标记，意思是有不尊重他人的表现，情况开始变得严重。三次记过就意味着我要去校长办公室挨训，但那时我想不了那么多。我只是很生气，我的气球飞了，我把别人弄哭了，我惹了麻烦，但我就是不打算低头。我从来不喜欢别人压过我，即使是自己活该。

“那又怎么样？”老师给我第二次记过之后，我还是挑衅地说：“我才不在乎呢！”

整个教室安静下来。这肯定不是幼儿园小朋友和老师说话时该有的样子，但我也管不了那么多了，谁都不能左右我。所有孩子都习惯对大人言听计从，可我当时觉得那些人都没有骨气。就这样，我被叫到校长办公室。那又有什么关系呢？校长无非就是对我长篇大论说教一番，说实话我真的不在乎。我死不承认，让他们出离愤怒，那我还是赢了。这看起来是个万无一失的计划。

的确如此，我安坐在校长办公室，直到我母亲走进来。学校给她打了电话，让她到学校来一趟。她干练地现身，表情很平静。她从单位来的，还穿着工作服，通常这意味着我可以免受任何严厉的惩罚。母亲有两种模式：周末模式，她素面朝天，这时你要小心了。若是不守规矩，她可以突然出现，一把抓住你，抬手就是一巴掌，或者采取其他让你知道谁是老大的方式。这时你最好别做什么她认为出格的事。但是当她穿上工作服，化了妆，我就可以比较容易逃脱惩罚，因为职场打扮意味着她需要应付白人和公众的压力，需要保持职业状态。我和哥哥对此了如指掌，并常常利用这一点。

她走进办公室，看都没看我一眼，我就感觉情况不妙。她望着校长，只问了一句："您有什么东西可以给我用一下吗？"

"什么样的东西？"我心里盘算着。

然后一个船桨出场了。

那天，就在校长办公室，母亲用船桨打了我的屁股。那种刑责，让我永生难忘。不尊重、不顺从、在学校不守规矩、到处惹麻烦？每一样都是她禁止我们做的，她打算让我清清楚楚，明明白白地记住。

事后，我大哭不止。整个上午、午饭、听故事和午睡时间我都在哭。休息的时候我向哥哥哭诉。

"谁打你了？"他想确定后帮我报仇。虽然我们总是针尖对麦芒，但不管发生什么，我们都会保护彼此。

我难以启齿。"是妈妈！"我边抽泣边说。

他笑死了，他无法摆平。

那是我从记事以来最后一次在学校不守规矩。有的孩子屡教不改，而我不一样，只要告诉我一次就够了。比起惹麻烦，我还有更重要的事要做。我觉得带着在学校惹是生非的报告回家没什么意义。很快我就认识到，如果我及时汲取这些教训，做事会很顺利。至少在我看来是这样的。

我对于如何成功、如何面对生活、如何追求所爱、如何做好准备的知识和经验，基本都来自我母亲。她在东南部的一所高中打过篮球。那所高中也是我想报考的。如果她当时有我这么好的机会，境遇可能会大有不同。但是回到20世纪80年代，一名女篮运动员高中毕业后，就意味着篮球生涯也随之结束。然而在我们这个年代，有业余体育联合会（AAU）和各种联赛，可以到处比赛。我们的教练来自全国各地，运动品牌资助，保证球队拥有最好的装备设施。如果你是男孩，而且天赋高，也会得到重点培养，因为背后有资本在运作。球探会找到你，大学的招募人员会在你比赛的时候出现。只要足够厉害，你就会很有商业价值，这一点众所周知。

我母亲年轻时没有这些条件，只能忍痛割爱。她遇到了我父亲老弗兰克。他19岁时从尼日利亚到美国谋生，先后辗转纽约、俄克拉荷马州、得克萨斯州，最后在斯普林菲尔德儿童青年家庭工作部找到一份工作。他们相爱，然后有了两个孩子。就这样，刚满20岁的母亲，就要抚养两个男孩子。

不管怎样，我们兄弟俩从来没挨饿。其实，至少在我们生活的那片区域，我们算是被宠坏了。我们在任何应对场合都能衣着得体，去教堂穿套装，去学校穿纽扣式衬衫和熨烫整齐的干净裤子，冬天我们有暖和的外套、帽子和围巾。从小学六年级起，我开始有篮球袜。我记得我第一双球鞋花了一百多美元，是在1995年买的Air Pennys，蓝白色的（那时还没有喷泡球鞋）。穿戴这些装备上学，我走在走廊里自然而然有种傲娇。我家并不富裕，向来都去折扣杂货店买一大堆食物屯在家里。我们明白钱的价值——不是用来浪费的，更不从天上掉下来。即使在我们最不知感恩的年纪，也始终记得家里从不断电，从没饿肚子，这已经足够幸运了。我们身边，并不是每个孩子都能拥有这么多。

我稍大一点的时候，才知道母亲为了照顾好我们兄弟俩而付出的牺牲。有一年冬天，那时我们上小学，母亲的旧汽车被偷了。20世纪80年代，斯普林菲尔德种族矛盾比较严重，直到90年代，情况依然很糟糕。什么东西都丢，汽车、收音机、自行车、鞋子、包裹。一眼照顾不到，就会被人顺手牵羊。买一辆新车很显然不在家庭开销计划内，毕竟我家也是捉襟见肘。万幸的是，母亲在房屋委员会工作，单位离家不远，没车虽然不方便，但也不至于太艰难。

但是严冬到来后，寒风凛冽，温度常常达到零下，每天都把人冻得发抖。我妈妈必须存钱买辆车，但是我和哥哥，两个小运动员在猛长个子的年纪需要更换棉外套。事实上家里并没有那么多钱，母亲需要的外套和我们需要的外套不可兼得，母亲为了保证我们穿得暖暖的，自己整个冬天只能穿着单薄的衣服每天走路上下班。她从未跟我们抱怨过，也从未提过，我甚至已经不记得了。直到很多年后，外婆和继父告诉我这件事，我才知道。

直到今天，母亲也没有和我说过，为了让我们兄弟俩穿得暖和，她一个人连一件厚外套都没有，熬过了伊利诺伊州的那个寒冷冬季。这就是我所说的中西部人，他们已经习惯了艰苦的环境。从母亲那里，我学会了怎么样埋头苦干。

我母亲十分看重行为习惯，也不停向我们灌输这种理念。我记得她常常念叨“不要让我丢脸”。这句话可以概括她的育儿理念。我们一直都会说“请”和“谢谢”，尊重邻里每个人，也从来不在外面闯祸。斯普林菲尔德是一个小镇子，什么样的家庭名声不好，什么样的家庭让人尊重，我们都心知肚明。如果让母亲评价，她会说我们家是一个受人尊重的家庭。

但是，这不是她的全部，她还很江湖。

记得我上六年级的时候，她和镇上另一个阿姨积怨颇深。说来话长，我也不想详细展开，因为我在这里不想牵涉别人的事情。简单说，这两个脾气都很火爆的女人之间关系很紧张，经常互怼。

一个周六，我和哥哥在体育中心打篮球，母亲像往常一样也来看了。斯普林菲尔德实在太小，我们去哪里都可以步行前往，只要母亲有时间，她都会观看我们比赛。那天她走进球场，真是冤家路窄，她撞上了那个吵了好几个月的死对头。

母亲没有争吵，没有言语威胁，也没有挑衅动作——她看了那个阿姨一眼，往后退了一小步，然后朝那个阿姨脸上狠狠地打了一拳。接下来，母亲骑在她身上，不停地打，直到其他人把她们拉开。那个可怜的阿姨一点还手的机会都没有。那时，我作为一个小孩子看到这样的情景，感觉太刺激了。一方面，没有人想看到自己的母亲如此野蛮，但转念一想我又会觉得，“我去，我妈实在太牛了”。我和弗兰克情不自禁地挺直腰板。我们很讲礼貌，但是我家人不是好欺负的。我们就是这样学会如何处理冲突的，直截了当，快刀斩乱麻。我很爱母亲，但也对她有一种敬畏。

不管怎么样，我们一刻也没有怀疑过母亲对我们的爱。她不仅对我们有深深的母爱，也为我们创造最好的生活、学习条件。不管生活多么艰难，她对我们的关爱从未改变。她积极生活，专注于点滴小事，比如工作。镇上的人似乎都认识她。她在斯普林菲尔德房屋委员会工作了22年，在开发经理的岗位上做得相当出色。对待工作，她认真而且专业，当然，她也期望我们能够如此，学业有成，对自己负责。很小的时候，可能才三四年级，我就独立做事了，比如熨自己的衣服。每到星期天，我会拿出下周要穿的衣服，排列整齐，一件一件地熨烫。保证每个皱痕都被熨平，每个衣领按压平整。这对我来说很重要，我想做好这些事，因为母亲希望我做好。

以上，就是我记事以来，价值观、世界观形成的重要外因。我力争上游，不服输。在学校、在球场都是如此，甚至在挑选衣服和熨烫这类小事上也是，你可以称之为强迫症，或者觉得我不可理喻，但这对我很重要。正是这种好胜心，在冥冥之中推动我前进。

一群小孩成天混在一起，免不了打嘴仗。有一种游戏叫“妈妈玩笑”，比如说“你妈妈实在太丑了，把回旋镖扔出去，回旋镖都不愿意回来”。对我们来说，这很像语言类的拳击比赛——讲的人抖机灵、厚脸皮，听的人看热闹。到我们那个年纪的时候，“妈妈玩笑”已经过时了，而且，我们都是一家人，怎么能吐槽表兄弟的妈妈，也就是我的姨母姑母呢？说真的，我们开玩笑时都是很刻薄地吐槽，穿着、发型、鞋子，什么都可以是我们吐槽的对象。“小子，你的牙齿太恶心了，四个牙医有三个推荐的治疗方法是自杀”。听起来很幽默，但也很伤人，而这就是游戏的精髓。好像是看一场在滑稽和残酷之间频繁转换的表演，别人被吐槽，你觉得好笑；自己被吐槽，你就觉得残酷。

我是那群孩子里最小的一个，所以大家打嘴仗时，我总感觉跟不上，我想努力赶上，但是做不到。我的表兄弟对此驾轻就熟，张嘴就能编一个。大家一个接一个让伙伴们笑翻天。我能听懂但是我编不出来，那种感觉，就像看别人流利地说一门你正在学习的外语。最糟糕的是，他们的火力，还是喷到窝在墙角里的我。

“安德烈的耳朵怎么样？”有人问。

糟糕。

完蛋了，我的耳朵被针对了。长得高被吐槽，年纪小也被吐槽，但是我无力回击，我天生就不是吐槽别人的料。但是我好强的本性驱使我在任何事情上都力争第一，不能输，否则我过不了这道坎。在外人看来，我默不作声地接受别人调侃，然后一笑而过（“对啊，我的耳朵确实很大，你没说之前我就听人说过了。哈哈，很好笑”）。但是在心里，我像基督山伯爵，记录下每个人的毒舌，谋划“复仇”计划，我会耐心等待时机反击。有时，我的“复仇”计划是把大家组织起来玩乌诺牌，这个游戏我家人经常玩。（直到今天，也没有什么比对连续嘲笑我三天发型的表兄弟使出万能王牌的感觉更爽）。除了打乌诺牌，我更常用的“复仇”方式是体育运动。一旦涉及跑跳、速度、竞赛，我就完全变了一个人，突然就有掌控权了。尽管比我高大壮硕的孩子此时还占上风，但是追上他们也只是时间问题罢了。

斯普林菲尔德是一个很棒的地方，不管你的经济条件如何，总能参与各种体育运动。足球、棒球、橄榄球、篮球，这些运动在青少年俱乐部里全年都可以参与，而且费用每个家庭都负担得起。俱乐部由一群十七八岁或者二十出头的孩子管理，虽然我不能视他们为榜样，但他们至少一直坚守在自己的服务岗位上。无论放学后还是周六，你去俱乐部的时候，他们都在那儿，为俱乐部组织比赛，也教给孩子一些基本技能。当然，其中有些男孩子是镇上狠角色，游手好闲，应该也惹过一些麻烦。但是，当他们走进青少年俱乐部，所有非议就会被阻隔在围墙之外了。他们在这里就是为大家服务的，不管在其他地方曾经做过什么——因此我们都很崇拜他们。这些男孩子是我的启蒙教练，他们对待比赛的态度给我树立了最初的榜样。弗兰克现在正努力成为篮球裁判，未来可能会在NBA赛场看到他。市政组织的体育项目，对我们兄弟俩有深远积极的影响，对这一点我毫不怀疑。

八九岁的时候，我开始在一个小型的业余球队里打球。那时我已经可以代表弗兰克的球队出场，尽管以他的年龄，应该在比我高两个年龄组的球队比赛。但这点燃了我的斗志，我要在他面前处处占上风。他有一个糖果，我就要两个；他打游戏得分，我要得双倍分。这样的竞争是双向的，比如打球选队时，我们从来不选同一个队，我们就要对打，球队之间的比赛也是我俩的小比赛。球场之外，我们的关系还行，但也谈不上亲近。我们总是不相上下，每天都打闹，不过很少动真格的，比如偷偷使绊子，从背后偷袭给对方一巴掌。我很喜欢这样的竞争，因为大多数时候我能赢。

对于我哥哥来说，一切同样顺风顺水。至少，他和我一样体格健壮，而且橄榄球打得绝对比我好。我相信如果他真想去做，一定能在NFL闯出一片天地。说实话，我自认为我的天赋、速度和力量并不比他强。在很多方面，弗兰克太爱耍小聪明了。从很小开始，他就知道自己翘课也不影响毕业，不需要付出努力也能蒙混过关。记得中学时，我曾经和他争论过这件事。他说，“你看，明明得到C就能毕业，我干吗费那么大力气拿A，反正我的毕业证书和你一样，那么拼命毫无意义”。我们看待问题的角度非常不同，但是我很难用语言形容我对他越来越深的欣赏，甚至他对自己疯狂的一面也有独到的处理方式。很多时候，我觉得他是因为不想和我一起玩才冷落我，但以后我才明白，他是不想让我陷入他惹得麻烦里。当我在高中和大学因为篮球事业而挣扎的困难时期，他是为数不多一直支持我的人之一。即使我们分别进入互为对手的高中，他也会在看台上为我呐喊助威，他的朋友们都以为他有病。不管发生什么，我知道他一直站在我身后。

再说说弗兰克对毕业成绩的态度，他讲得也有道理，但是我无法内化他那套逻辑。对我来说，重要的不是完成，而是完成得比别人好。我不想分散注意力，不喜欢到处鬼混、泡吧，不想陷入一些社会上的麻烦。我想做的就是变得优秀，然后赢得一切，所做的一切也都以此为目标。

在斯普林菲尔德的早年生活几乎塑造了完整的我。外婆教会我责任和尊重；哥哥教会我竞争、好胜、不服输；业余联赛的教练们教会我如何表现自己，如何照顾需要帮助的孩子；我的母亲教会我克制、强硬，也教会我爱和温柔，她让我懂得牺牲和纪律，最重要的是，让我学会做最好的自己。

但她还给我上了另外一节课。家里常常有这样的场景，我坐着看她在家里忙里忙外，洗碗、叠衣服，她甚至都不知道我在看她。我会思考她的人生——一个单亲母亲，带着两个调皮的男孩子，住在她母亲的阁楼里，牺牲自我、辛勤工作，以确保两个孩子吃饱穿暖。把斯普林菲尔德当作一个整体来看的话，这个小镇充满了这样的故事。人们因为某种命运和思维惯性，最终过着不是自己选择的，或者本不该选择的生活。这是一个小地方，一旦你知道自己在一个小地方，下一个冒出来的问题就是外面的世界是什么样的？我们为什么都待在这里？围绕着那些长长的街道，低矮的板房和空旷的田野生活，大家怎么会心甘情愿？每天在同样的杂货店、酒吧里遇到同样的人，按照同样的剧本生活，在同样的地方重复同样的事情，大家怎么能够欣然接受？我想，对一些人来说，这样的生活也不错。他们的要求不高，很快乐，这样很好。但是，对于我们这样想拥有更多却不可得的人呢？你真想逃离这里，到更大的世界看看，但是不知道为什么，你就是没有办法。想到这里，我就感觉后背发凉。

所以母亲让我们读报纸，她想让我们了解外面的世界。母亲严厉地教我们努力学会专注、交流和尊重。她知道，不积跬步，无以至千里，每次机会和每个优秀表现，每份读过的报纸，每个赢得的奖杯，每个取得的 A+，每封为我们写的推荐信，才能把我们带离这里，走向世界。即使在那时，未来的一切可能无法掌控。

“斯普林菲尔德就是这样一个地方，”她曾经告诉我，“你一不小心就会终老这里。”我没有问及原因，也不需要问，她的目光告诉了我一切。我爱我成长的地方，我爱家乡给予我的一切，但是内心深处的声音在夜深人静时总在耳边响起，“如果你不竭尽全力，下半辈子就在这里终老了。”我知道，在很小的时候就知道，我不能那样生活。

2

自信心

正如不可预知的生活，篮球是一项美妙且复杂的运动，是充满创作艺术和辛劳汗水，持续移动和不断调整的运动，也是需要本能、心灵感应和肌肉记忆的运动。在这项运动中，五人如一，在几秒内默契合作。在最高水平的较量中，十人各自施展魔法，无须解释的技巧，不看人传球，几乎没有任何角度的出手，这一切让观众惊呼过瘾。当达到最高境界，比赛就像点石成金般神奇。

但这也是一个残酷的游戏。肌肉碰撞、骨头碎裂、韧带撕裂、鼻梁骨折、关节错位，在比赛中随处可见。一切发生得太快，甚至没有时间道歉。一旦你踏上真正的球场，没有调整时间，要么掌控要么被虐。这就是为什么篮球在本质上，是个人气质和胆识的较量。在场上的每时每刻你必须坚定果断。最重要的是，篮球是一项关乎信心的运动。

我们见过太多优秀球员和伟大球星，但是在NBA，球员之间的技术差距其实并不大。所有人都很强壮，都能投篮、运球、传球，所以真正决定输赢的是信心。当回首自己的职业生涯，我发现，每一次里程碑事件无关技术，而是信念。那是一些关键时刻，即使有人决意证明我不行，我也依然坚信自己可以。

升入七年级的第一天，我走进上半学期上课的教室。课程表前一天就发到我们手上了，我迫不及待地坐下，准备开始新的学年。我一直在打篮球、打棒球，也开始对穿衣打扮和女生感兴趣了。七年级给人一种期待，我将会到校篮球队打球，镇上不少人会知道我是球员。最重要的是，七年级将会很精彩。我会拥有崭新的装备，理一个时髦的发型，让大家眼前一亮。

当我走进教室，我感觉有点不对劲儿，因为我注意到，除了我，其他学生都是白人。我所在的中学，生源多元化，至少白人和黑人都有。而在七年级之前，我的班级里至少有百分之二三十的学生是黑人。

尽管把我分到全是白人的班级里不太正常，但现在看来还是有原因的。我是通过赢得许多荣誉才被分到这个班级的，那时我并没有想太多，为什么凭借荣誉进入这个班级的，只有我是黑人，其他都是白人。事实好像就是如此。我比身边大部分学生都优秀，我从小就是被这样教育的。这离不开母亲要求我养成阅读习惯，外婆规范我的行为，还有我自己力争上游的主观能动性。所以我被挑选进入重点班，这意味着我可以参与高级项目，拥有一些额外特权，达到更高的学业水平。想到这里，我很激动。

但是当我走进教室，老师立即拦住我。

“亲爱的，你是不是走错教室了？”她问。

“没有啊，就是这个教室。”

我还没有意识到在发生什么。很显然，我看了课程表，知道要去哪个教室，完全没有问题。

但老师还是难以置信：“你确定吗？”

“对，我确定，哈哈。”这种对话真的有点傻。我觉得这段对话应该结束了，正准备走向一个座位，但是那位老师显然不这样认为，尾随我走过来。

“亲爱的，你能把你的课程表让我看看吗？”问这句话时她的语气好像更强硬了。

那时我才明白是怎么回事。

我把那张早在我手里揉得皱巴巴的课程表递给她看。

她看了一会儿：“哦，好的。”她小声说，“找个位子坐下吧。”

我慢慢坐下来，现实就这样呈现在我眼前。刚才发生了什么？在我自己的学校，我真的总要出示自己的证明吗？我环顾四周，只有几个学生看到了，其他人都忙着和新同学打招呼、聊天、开玩笑、等着上课。此时，我浑身发烫，心跳加速。

铃声响起，我安静地打开笔记本。

种族不是我一时半会能搞清楚的话题，而是潜移默化融入我的世界观里。我不可能像三岁时到处嚷嚷“我是黑人”，没有人会那样。在我生活的世界里，一切都很正常。朋友、家人、邻里街坊，都是正常人，我们的生活也按部就班。我们的社会里有各种各样的人，他们是整个世界的缩影。有的人善良，有的人粗暴；有的人诚实，有的人狡猾；有的人高智商高情商，有的人迟钝木讷。我们都是黑人，并不会围绕白人生活，遵循他们对黑人的看法和做法。如果让我说对白人有什么印象的话，那就是他们在别的地方，与我无关。

然而随着我长大，这种观念慢慢改变了。我作为黑人而对种族差异毫无察觉绝对是不可能的。

一方面，我母亲并不羞于提起这个话题。这是她让我们更好地面对这个世界所做的准备，也是为了我们的安全考虑。在成长过程中，我们渐渐明白她对我们行为、自律和自尊方面的教导，其实就是为了让我们远离警察，她知道那些人在中西部地区是非常危险的种族主义者。最近几年，很多美国人称种族问题引发的警察暴力执法现象，呈大幅度下降，在我们看来这种说法很可笑。作为成长于20世纪八九十年代的人，我们已经接受了警察因种族问题使用暴力的现实。警察可能会帮助你，也可能会伤害你，和你怎么做并没有关系。好孩子也可能和坏孩子一样被警察教训，最佳策略就是远离所有警察，因为你永远不知道他们要对你做什么。

我们从小被教育要学会敬畏一切，因为母亲认为，如果我们有了敬畏的态度，就不会触犯法律的底线。但是作为黑人，我们大部分人面临的困境是：敬畏的态度能帮你的很有限。大多时候你必须强势，无所畏惧，在故意刁难你的人面前绝不低头退缩。我之前写到了我母亲被惹怒会做何反应，这就是黑人女性必备的特质，否则有人就会得寸进尺。美国社会一直对黑人得寸进尺。

我的外婆是早年间黑人与白人社会达成某种平衡的代表。在我幼年时期，她是为数不多能常常和白人打交道的人之一。她经常带着我去当地白人的农场摘菜。她热衷种植果蔬，早在从农场到餐桌的饮食方式备受推崇之前，她就一直重视营养均衡。所以她经常摇摆着粗糙的双手，穿着一身脏脏的法兰绒衬衫，和白人聊着今年的土壤状况、天气如何。外婆父辈是南方人，她有这种和所有人友好相处的能力。像她这样年纪的南方女性有种魔力，一句玩笑或者一个微笑，就能让一切平静下来。

但是关于南方女性的另一个事实是，一旦有人越界，她们会毫不犹豫地让法律归零。她们很清楚必须要这样做。

我就是在成长中学会了掌握这种平衡。一方面，我们表面上很温和，说着“是的，女士。不是的，先生”；另一方面，我们有一个深刻的认识，那就是绝不让那些想要欺负你的人得逞。

在我看来，作为黑人，当你具有温顺和强硬两种特质，外界会很难看清你。而如果一个黑人肆意妄为、口无遮拦、目无法纪，外界反倒对他很包容，这很奇怪。人们厌烦这类人，但是又轻描淡写地给他们贴上“贫民窟产物”的标签，人们会觉得这类人缺乏教养，不适合玩他们制定规则的游戏，也不适应在他们创造的世界里生存。这类黑人可以造成些许威胁，可一旦越界，整个监狱系统都在等着他。一旦成为罪犯，他们就不再是真正的威胁，因为他们正符合白人的期望，白人把这类人彻底舍弃了。“当然，他很有才华，”他们可能会说，“但是他太不受管教，也就百无一用了。”

相反，当一个黑人受人尊敬，不苟言笑，能够自如地说白人的语言，融入白人的生活，从不挑衅，从不威胁他人，那么这类黑人就为自己买了一张通往白人世界的临时通行证。他进入最好的学校，持有主流的观点，白人世界敞开怀抱欢迎他，因为他不是威胁。白人很清楚，尽管可能只是潜意识里这样认为，这类黑人的生活（和特权）是有条件的，是靠极其脆弱的社会契约维系的。他们的生活建立在白人世界的接受范畴里，所以，这类黑人不会情愿冒险激进地、理直气壮地公然挑战白人世界。

黑人在白人世界存在的这两种方式，很容易理解，而且我认为，对很多白人而言是一种慰藉。但从结构性种族主义的角度看，第三类黑人是最麻烦的。这类黑人清楚自己的身份和历史，不惧怕挑战现状，敢于发表激起人们内心种族主义的言论，但同时自己也有体面的生活，知书达理，不太可能被关进监狱或因贫困失去话语权。他们不是无知无识或者成为暴徒被社会舍弃的那群人。这类人，以我的经验看，是对现有体制造成最大威胁的一类黑人。至少看上去是这样，因为我明白对于第三类黑人，很多白人不知道以何种方式对待。为了让自己心里好受些，他们给这类黑人营造麻烦，进而让其成为前两类黑人。

这些并不是七年级的那个早上，我所看清的所有事情。当时，我的种族意识被唤醒，但还没有真正建立起来。那天在教室被老师强制要求出示证件，只激发了我内心的一种东西——抗争。如果被质疑，我会证明质疑我的人是错的。那天，老师完全就是在质疑我，她对我进入教室的资格表示怀疑，认为我不应该进入那间教室，我会用我接下来的人生来证明她是错的。从各方面来看，种族意识看似悄无声息却又相当激进，无论如何都将在我未来的人生中给予我压力。

从某种角度看，种族意识在我出生以前就已经存在了。一位两个孩子的母亲，深爱着孩子，知道孩子必须赢得更多荣誉才能过上安全的生活。一位外婆，尝尽人生百味之后，深知私刑和种族主义背后的残忍，因此她学会了如何同所有人相处，如何化解人性的恶。她们把这种意识慢慢地灌输给我们，让它存在于我们生活的点滴当中，每个词都和它有关，可能它就在我们的基因里。但对我而言，种族意识从七年级的那一刻才真正觉醒，当我知道自己只是出现在某个教室，自信不畏缩，就足以让某些人心里不舒服。当时我没有把它当成是针对我个人的质疑，也没有放在心上，或者把它看作某种微妙但不可避免的证据，证明我不如别人。我的母亲可以一言不发，上去就给惹她的人一巴掌，也可以整个冬天不买棉衣，只为让儿子不挨冻，有这样的母亲在身边，我怎么会没有自信？当你拥有这种信心，与其把一个不知道哪里来的女人持有的种族主义放在心上，还不如从更好的角度看问题。所以，我把种族主义看作是一种挑战。

我必须把它看成一种挑战，除此以外的方式则太过黑暗恐怖。这个国家的机制正在给黑人的自信心造成巨大的打击。在成长过程中，你不断听到像你一样的人被谋杀、被奴役的故事，而且类似的事情还在发生。你想告诉自己，这样的年代已经结束，这种事情也不会发生在自己身上。但是不知道何时何地，总会有一些时刻提醒你，你做不了主，能做主的人不喜欢你，所以你永远不能百分之百安全。比如一位老师看着你，不是把你看作学生，而是把你看作麻烦，而且是因为你恰巧达到了进入这个班级的成绩。此时如果你停下来，任由这种感受融入身心，你将很难从这种负面的感受中走出来。你必须学会拥有信心，也必须拥有信心，否则你将很难生存下去。

在我早期的篮球生涯中，对我影响最重要的人是劳伦斯·托马斯教练。他身材并不高大，深色皮肤，一双敏锐的大眼睛中透着严肃，他既是我在青少年俱乐部的第一位教练，也是我在兰菲尔高中球队的助教。他努力让我们做到训练有素，勇敢果断，倾尽所有把年轻人培养成篮球运动员。他现在还在当教练，我也曾经有机会指导他的儿子，人生真是一个奇妙的循环。关于他的记忆，最早可以追溯到我 8 岁的时候。当时我们都很怕他，因为他看起来不像有耐心的人，不好糊弄。但我们越是了解他，就越觉得他是父亲一样的角色。他认识我们所有人的父母，和镇上的人都很熟络，他像是斯普林菲尔德黑人社区的小市长，虽不完美，但有尊严和骨气。

我三年级的时候，他常常给我加油鼓劲儿。“这个小孩以后能进NBA！”我在球场下快攻、控球时，他常常这么说。我假装充耳不闻，但每次他这样说，我其实都得使劲绷住，不让内心的喜悦溢于言表。

托马斯教练说的每句话都很有分量，因为他和凯文·甘布尔（NBA 退役球员，前 NCAA 教练）关系很密切。甘布尔在我们眼中是个传奇，身高 1 米 96，毕业于兰菲尔高中，曾在凯尔特人队效力，和拉里·伯德、凯文·麦克海尔、丹尼斯·约翰逊是队友。甘布尔先前在加拿大职业联盟打球，1988 年 11 月伯德受伤后，他开始进入 NBA。加入 NBA 第一个赛季的最后一场比赛，他得了 31 分。之后，他在 NBA 连续征战 10 年，打了将近 650 场比赛，场均得到 9.5 分，命中率达到 50%。在我们看来，这些都是传奇故事。所以当曾经指导过甘布尔的人说我可以打 NBA，那感觉简直像打了鸡血一般。这样的鼓励让我更加努力训练，尽管那时我还不相信自己能去 NBA 打球。但是，当一个你十分尊敬的教练支持你，你应该不想让他失望。

初中的布鲁尔教练是另一个对我增强信心有重要影响的人。他可能是除家人以外，第二个在我身上看到真正潜力的人。我在七年级第一次见到他，说实话，当时我觉得他并不喜欢我。其实他很细心，做事非常高效，也很有趣，常常调侃学生，让学生笑得前仰后翻。他并没有强调打篮球是多么严肃的事情，我觉得，他知道我们当中的大部分人只是喜欢在场上奔跑，自以为是乔丹，对此他可以接受。他很现实，知道指导初中篮球队员的目的是什么，就是教一些攻防基本技战术。很多时候他还让我们不要惹麻烦。我注意到一点，他看上去是真的很喜欢我们。很多初中老师给我的印象是他们在忍受学生，但是，他是真的欣赏我们的热情和活泼。他不会让你感觉自己必须成为某个人，而是做真实的自己，这一点我很赞同。

第一学期期末成绩单发下来，我得了全A。在那之前，我觉得布鲁尔教练根本没有注意到我。我也不确定，但是我真的可能是篮球队里唯一得到全A的人。我记得他在走廊里看见我，朝我走过来。

“你的成绩非常好！”他看上去很惊喜。

“嗯，谢谢您，教练。”

“嗯，不错，继续保持。”

这是一段简短的对话，但是我觉得很重要，因为从那之后，我和他的关系出现很大变化。他对我的训练要求更加严格，而且更愿意在我身上花时间。他突然对我重视起来，会一起加练，即使没有训练，下课以后我也会在他的办公室里晃悠。有时候，我和他坐在球场看台谈天说地，不谈篮球，而是聊学校、女生、政治、成长之类的话题。我们谈什么并不重要，重要的是我们之间有很多交流，这和之前真的不一样。

所有人都知道，获得任何成就都需要付出努力，但是很少有人明白，努力本身需要信念。你对自己努力做的事情，必须要有信念，相信努力会有结果，否则你就会失去动力。布鲁尔和托马斯两位教练让我清晰地看到努力和结果之间的联系，这是他们对我鼓励的真正意义。布鲁尔教练很长时间后才关注我的成绩，之后以不同的方式待我，在我身上投入时间，这让我感到努力是有价值的。托马斯教练总是对我和颜悦色，一直告诉我，他相信我，这让我感到我所付出的努力是正确的。这些事我很难跟我哥哥解释清楚，的确，你想要毕业或者仅仅想通过考试，并不需要特别努力，但是想看到理想的结果，就必须非常努力。至少我这么认为。布鲁尔教练和托马斯教练让我看到信念是有力量的。

七年级结束后，升入八年级，生活并不是一帆风顺。直到那时，我已经习惯做球场上最出色的球员。我知道如何低调，但私底下，我认为自己的成功多半归功于我的天赋、努力和技术，从某种角度上看，确实如此。但是我没有考虑到一个显而易见的事实——我比其他人都高。事实证明，身高是我获得成功的一个很重要的因素。我是怎么发现的呢？八年级前的那个暑假，篮球队内几乎所有人的个头都长高了一大截，除了我。

即使在平时训练中，我都能感觉到异常。之前轻松的出手，现在居然被盖了。我的传球被拦截，运球踉踉跄跄。你在球场上的视野，决定你在比赛中的发挥，即使七年级的我和八年级的我眼中看到的球场只有几英寸的差别，都会彻底颠覆我打球的能力。以前开阔无边的场地，现在变成一片森林，挤满了高个子和他们挥舞的湿漉漉的手臂，这让我信心受挫。接下来的一年，我对自己是一名篮球高手的认知，逐渐消散。可能我没有那么好，只是因为之前我很高。

这样的想法彻底压垮了我，成绩也从 A 下滑到 B，我开始怀疑人生，对于自己的位置也失去了清晰的认识。并不是说我不努力训练了，而是这份努力似乎不能像以前那样让我看到结果。布鲁尔教练还是让我打得分后卫，担任场上队长。但是不具备想得分就得分的能力之后，我开始寻找其他为球队做贡献的方式。

从某种角度看，八年级对我来说是塞翁失马的一年。我开始在比赛中全盘考虑，我当时想，好好看一看，场上有4个队员，每个队员至少有一项技术很厉害。我开始更仔细地观察其他球员，我注意到一个队员，他可能没有那么高的运动天赋，却很擅长挡拆掩护。布鲁尔教练教过我，挡拆可不只是掩护控球的人，也可以让射手出现空位。既然现在不再倾向自己一直出手，索性从不同的角度观察场上的局势。这个家伙喜欢待在底角，如果我能及时发现他，说不定他能把球投进；那个家伙擅长空切，如果他在跑动中接到我的传球，我们就能扯开对手的防线，制造机会。那个赛季，我感觉比赛像电影慢镜头一样进行。当我不再只关注防守我的人，不再只想着如何击败他，我看到了篮球的另外一个维度。

我渐渐开始找到一些自信，但还是不能欣然接受自己不再是场上最高球员的事实。通过锻炼其他的技术，我可以慢慢习惯。然而，八年级下半学期，人生中最重要的事情要提上议程了——选择高中。

斯普里菲尔德有两所体育强校——东南高中和兰菲尔高中（得罪了，斯普林菲尔德高中）。毫不客气地说，东南高中是黑人高中，兰菲尔是白人高中。所有和我生活在一个社区的人，所有和我一样的富兰克林初中毕业生，理应都去东南高中。这不仅仅是社区传统，也是家族传统。我母亲在20世纪80年代初期是东南高中的篮球队员，我叔叔山姆·菲尔兹也在那所学校的橄榄球队和摔跤队待过，之后还在那里做教练，我哥哥也去了东南高中。可以说，这是我们的家族传统。

这些我都明白，但是，兰菲尔高中是所有顶尖球员都会选择的学校，那些名字我在报纸上常常看到。杰夫·沃克、莱纳德·沃克(杰夫的表弟)、维克多，他们随后会进入一级联赛的高校，而这些人都曾在兰菲尔高中打过球，那时我才上初中。八年级的我已经开始留意这些信息，虽然那时我还没有真正决定走职业这条路，但对于篮球水平和球队排名，我是很在意的。显然兰菲尔高中才是我该去的地方。

同时，兰菲尔高中也在招募我，至少有个教练很想要我，他叫帕特·麦奎尔，我们叫他“果汁”。他认识我，因为我从三年级到八年级每年都参加兰菲尔高中组织的篮球夏令营。他和其他教练一直鼓励我，“你以后会成为明星的，”他们说，“我们兰菲尔高中需要你。”经过了八年级一整年的纠结，我意识到自己的水平与常人无异，他们的话也特别合我心意。我想去需要我的地方，尽管兰菲尔高中不属于我所在的社区，但是我打心底里认为，如果想变得更优秀，兰菲尔高中就是我必须要去的学校。

在别人想让我成为什么样的人，和我想成为什么样的人之间做出选择，这是一个艰难的决定。大家期望我为东南高中效力，因为东南高中的体育水平在斯普林菲尔德一直都处于二三流，和兰菲尔高中之间根本不能相提并论，而后者几乎在所有体育项目上都能秒杀东南高中。除此之外，兰菲尔高中还获得过州冠军，而东南高中连影都看不见。兰菲尔高中有凯文·甘布尔、埃德·霍顿这样的球员，他们后来在NBA打球，更不用说其他一大堆打大学一级联赛的球员，这些荣誉和队史名单，东南高中通通没有。从某种角度上看，这就是一个典型的斯普林菲尔德式难题——你是像所有人一样留在你本来的地方，还是让爱你的人失望，坚决离开，去追求更大的目标？

这是一个艰难而又坚定的抉择。当然，会有人无法接受我的决定。关于我抛弃东南高中的消息传开了，我感受到了一丝敌意。周围的孩子对我评头论足，像开玩笑，但却站在“道德制高点”。放学后，其他人，甚至队友，都不想和我玩了，我的社交圈顿时缩小。在八年级，我越来越被孤立。我不清楚这是因为嫉妒还是成长的困境，但一切都让人感到很难受。

一天放学后，我穿过走廊，想在训练开始前去球馆练投篮。路上我遇到了一位初中的白人助理教练。我和他基本没有交集，但互相认识，只是我总是看他不爽。我想点个头打声招呼就赶紧走，但是他拦住了我。

他说：“安德烈，听说你要去兰菲尔高中了。”

这不是一个疑问句，而是陈述句。

“是的。”我答道。

他说：“那很不错，你最后的结局可能就是失败者，像他们队的其他人一样。”

我愣住了，不敢相信自己的耳朵。

我含糊地说了句“随便你怎么说吧”，然后继续往前走。我知道他是故意惹恼我，而我不能让他得逞，但他的话确实激怒了我。一个成年人笃定地认为一个小孩子会是失败者，这是多么辣眼睛。在走廊里走着，他的话在我耳边回响。为什么他认为那些高中球员是失败者？他们在我看来是英雄一样的存在，我对他们的崇拜，甚至超过每周六在电视上看到的NBA球员。伊利诺伊州的高中篮球就是这么火爆，职业球员很厉害，但是对我来说遥不可及。在斯普林菲尔德，每个人都能花4块钱去看一场精彩的州比赛，当杰夫·沃克全速出击，来一记灌篮，那个时刻永远定格在报纸的体育版面上。这是我能想到的最激动人心的事，这个白人教练难道看不到吗？为什么他认定我会必然失败？他说的全是屁话。

那段对话像单曲循环一样一直回响在我的脑海中。我越想越觉得那个白人教练的脑子有问题，和我无关，也和杰夫·沃克无关。我本能地讨厌这个教练，现在正好证实他就是一个混蛋。就是这样，像很多斯普林菲尔德的白人一样，他们不喜欢黑人，不管我们做什么，他们还是认为黑人会成为失败者。尽管他是成年人，但是我认为我完全没有理由尊敬他。

对于那些没有赢得你尊敬的人，你也没必要尊敬他们。没有赢得别人的尊敬，才是成为失败者的第一步。这个世界充斥着一群要求别人按照他们的规则苟活的人，如果你不那样做，他们就会记恨你，尽管他们的做法毫无道理可言，这太奇怪了。如果你缺乏辨别力，没有仔细考虑孰轻孰重，将会一辈子在一个怪圈里，竭力讨好、效仿失败的人，最终一事无成。我知道自己在朝一个方向努力，所以某个失败的助理教练当然不会挡住我前进的路。管他呢，现在我已经决定去兰菲尔高中，在那里，我也会打出一片天地。

高一时，我打得分后卫，是校对首发球员之一。那时我已经1米72了，所以块头足够打后卫。队里有一个男生托尼·史密斯，1米85的个头，能胜任所有位置。但我后来才知道，他当时的个子已经窜到顶了。我可以接受这个安排，如果我所信任的初中教练托马斯认为我在成为首发之前还需要学习，那我就去学习。我开始认真地阅读防守，判断其他球员的意图。我观察托尼·史密斯如何掌控场上局势、如何合理分配球权、如何在恰当的时机给队友喂球。

不打球的时候，我会出现在田径场。我对运动一直有种天生的迷恋，现在又得到科学的指导——我开始了解自己的身体，学习什么运动对我有帮助，什么运动没有帮助。我知道，要提高自己的速度、敏捷性和耐力还需要付出很多努力。我参加三级跳远比赛，但我最喜欢跳高，我对跳高的精确判定很着迷。和篮球一样，跳高不是凭裁判打分决胜负，而是靠精准、可测量的数据定输赢。在田径项目中，数据可以证明你在进步，你树立一个目标，实现它，再设下一个目标。田径场上没有人为制造的灰色地带，我很喜欢凭实力说话。

高一结束后的那个暑假，“果汁”教练帕特·麦奎尔已经是大学球队的教练了，很快他就来找到我，带我加入了一个训练营，并任命我为队长。几乎整个暑假，我都在学校的球馆里度过，和“果汁”

教练一起工作，练习投篮。这样的经历，尽管对拓展我在场上的视野以及提高球商很有帮助，但我的命中率仍不稳定。我的出手姿势一直不太合理，出手点有时候在额头上方，有时在嘴巴下方，导致投篮姿势不固定。“果汁”教练让我在球馆纠正投篮动作，这使我重新有了目标。每天早上醒来，一想到生活中又有篮球的存在，就很幸福。我会很快吃完早饭，玩一会麦登橄榄球或者劲爆美职篮游戏后，时间大概才到早上5点。

天气潮热，光是走到训练馆我就已经浑身大汗。其他同学看到我，会问我要不要和他们打球，但是我没有时间，我有更重要的事情要做。我感觉自己像职业球员，并且乐在其中。篮球在我生活中的分量越来越重，这是一个渐变的过程。在公园打野球是随意玩耍；在球队打篮球是严肃学习；但是在训练馆度过的那些漫长枯燥的下午后，让我分清职业与业余的区别。我是一个工匠，有自己的手艺，在“果汁”教练的不断鼓励下，我在自己的“工作室”里一天一天打磨技艺。那时“果汁”教练叫我“老大”，“投篮不错，老大”“加把劲儿，老大，迈开腿，手臂高一点，再高一点”……这让我笑个不停。

“果汁”教练也会让我跟随大学球队参加夏季联赛。篮球对我来说，怎么打都不算多，这是学习的一部分。如果换个说法，也可以把看比赛当作录像分析。通过观察赛场上微妙的细节，我能发现其他教练所制定的防守战术的破绽，球员本应该挤过不实的掩护，却挡拆去走下线。我开始察觉到每场比赛节奏都不一样，比赛的场面态势随时变化，这种变化和诸多因素息息相关，如教练如何换人、板凳球员如何发力，以及在比分接近时，谁能投进关键球。

那个暑假，我没有像以往那样，泡在图书馆看杂志，而是把所有时间都留在了训练馆，不是看高年级球员打球，就是和“果汁”教练一起训练。“果汁”教练一直告诉我，“老大，明年就是我们最好的机会，夺冠在即”。我觉得自己喜欢为他效力，他也喜欢教我。

高二开学当天，我又被一位老师在校园里拦住了，不过这次是完全不同的原因。他是一队的帕顿教练。

“你是安德烈？”他上下打量我。

“怎么了？”

“我的天啊，真的是你，快过来！”

他把我带到他的教研室（他也是化学老师），领我走到墙边的身高测量仪前：“踩上去站直。”

我照他说的做。

“你1米93了！“

原来如此，难怪刚才大家都盯着我看。过去的那个假期，我不知道怎么长了5英寸（约12.7厘米）。我知道自己在长个子，因为裤子变短了。有一次，我勉强完成一记扣篮（我的第一记扣篮），感觉很棒。但我也没把长个子当回事，直到我看到帕顿教练让我量身高时的惊诧表情。

“你必须到一队试试！”帕拉教练脱口而出。

所以高二那年，我同时在一队和二队打球，这对我其实没有太大影响。首先，我在一队打球时，几乎上不了场，只有在垃圾时间或者我们领先二十来分才能上场。大部分时间我都坐在替补席末端，美其名曰“饮水机管理员”。不过好处就是，我可以和那些一队球员一起训练，逐渐了解一队的比赛是怎么打的。

另一个原因是，作为高二学生可以代表校队打正式比赛，感觉不错。但真正的挑战是，作为一个菜鸟，知道如何应对因竞争上场时间产生的矛盾。我们队里，瑞奇在这方面就做得不错。

我要怎么形容我和瑞奇之间的关系呢？相爱相杀似乎更准确。他后来能成为我高中最好的朋友，不是因为我们天生就合拍，而是因为我们有一个共同点——对比赛迷恋至极。我和他一起训练、研究数据，一起关注全国高中球队排名。我们所有时间几乎都在某个地下室或者我外婆家度过，聊篮球、看比赛、玩 2K 游戏。这些交流让我们成为志同道合的同学兼队友。周围再没有谁像我们这样对篮球如此痴迷，其他人都是三分钟热度。瑞奇很执着，我也一样。

一起打了一段时间球之后，我们好像互相可以秒懂对方的想法。我几乎不用看，就知道他在场上哪个位置；当我控球时，能感觉到他跟在我身后，甚至在他移动到下个位置前，我就可以把球先传到那里。有时候，他还不知道自己要移动到哪里，我就已经预判到了。

当瑞奇来兰菲尔高中时，简直是个超级球星。他作为身高接近 1 米 88 的新生，就已经在一队打球了。男生看到他会夹道欢呼，和他击掌；女生在走廊里簇拥在他身后，好像他要给她们发糖似的。

帕顿教练安排瑞奇打首发得分后卫，基本上围绕他建队。这样的话，他必须让几个高年级球员打替补，因此遭到了许多非议。即使在高水平层面，伊利诺伊州的人对球场上的角色也很看重。当他们发现教练为了让一个菜鸟打主力，而让高年级球员坐替补席时，家长和周围的人无论如何也接受不了。但是我能看出帕顿教练的意图，他知道球队的目标不是马上赢得冠军，球队得稳步向前。帕顿教练可能是从长计划，重点培养瑞奇，为后者之后接管球队做准备。这很有道理，瑞奇是球队未来的希望。当年全国各大杂志给他的排名几乎高于所有新人，也包括来自俄亥俄州阿克伦市的勒布朗·詹姆斯。

那时，我开始思考篮球战术和整个篮球产业。不仅要着眼于现在，也为长期发展做一个规划。瑞奇让我很钦佩的一个原因是，对他来说，所有的质疑都是左耳朵进右耳朵出，丝毫不放在心上。他作为新人首发出场，从未因质疑而退缩。

我从瑞奇那里知道还有一个 AAU 联赛，我之前从没听说过。我们放学后一起闲聊，会听他谈到他在某个神秘的巡回球队打球，而这个球队的本部却在芝加哥。那是什么球队？他在斯普林菲尔德，怎么能给一支芝加哥球队打球呢？但眼前这个 14 岁的男生，全国各地跑，常在芝加哥和印第安纳波利斯这样的大城市打比赛，而我还待在高中二队。人与人真不能比，一比全是泪啊。

还是说说我自己吧，当时灌篮对我来说已经不是什么难事，在假期里和教练所付出的努力都有所回报。我的场均得分也逐渐来到了 25 到 30 分，有点像威尔特·张伯伦当年的势头。

我一直想让母亲到现场看我的校队比赛，但她不愿意。通常二队和一队的比赛紧挨着，我从这场比赛的主力变成另一场比赛的替补，她接受不了。“为什么要打一队的比赛，安德烈？你根本就没有打啊！你就是坐在那儿。”她说，“我不想花两个小时看你在板凳上挥毛巾。”

在两支球队同时打球也造成了另一个困扰，因为规定高一学生只能参加三个联赛。如果你同时在两支球队，那年的比赛可远不止三个联赛。你要参加新生城市联赛、二年级联赛和青年联赛，还有圣诞节和感恩节的联赛，全部加在一起有7个之多。所以，我必须做出艰难的选择。

我不知道该怎么办，我想打一队的联赛，因为这是更大的舞台。而二队的“果汁”教练，是我爱戴的人，从我很小他就一直照顾我。是报名去打一队联赛，其结果可能只在球探面前展示少得可怜的几分钟；还是对一直看好你的教练保持忠诚？这是一个两难的选择。

有一天我和劳伦斯·托马斯聊到我的处境，我抱怨道，只是因为帕顿教练认为我还没有准备好导致我在一队联赛的上场时间太少。

托马斯教练看向我：“安德烈，我一整年都在劝帕顿让你上场！是‘果汁’一再强调你还没有准备好。你真的应该上场，你准备好了。‘果汁’不想让你提早在一队联赛上场，是因为他怕他的球队失去你。”

不敢相信，教练为了让自己的球队赢，一直压着我。他成功了，那一年我们称霸赛场，只输了一场比赛。但这件事改变了我的观点，我知道这种情况不会是最后一次，我在之后的篮球生涯中了解到，高水平教练也会对你和所有人撒谎，就是为了留住你。那时我开始认识到，一个教练对你再好，并不代表你可以信任他们，认为他们会把你的利益放在第一位。到最后，他们还是最在乎自己的得失。我从来没有当面和“果汁”教练争论这件事，但是我从中又学到了一课。

那年，我们球队被邀请参加一个叫“火拼”的非正式比赛，有点像给球探们安排的表演赛。那时我们队的主角是瑞奇，不过伊利诺伊州有一大批天赋球员，他们未来会在大学球场和职业联赛崭露头角。达柳斯·迈尔斯，东圣路易斯高中的高二球员，可能是国人讨论最多的。

这场“火拼”比赛的重点是展示瑞奇的天赋与球技，不过我也有几分钟上场时间。我开始懂得在这样的比赛中，最重要的事情是不要在场上破坏大局。守住你的人，保护篮板，不要被打爆，我的要求并不过分。比赛最后关头，我在进攻端控球，当我准备传球时，突然发现自己前方无比开阔，应该是那个防守我的人换防乱了。没时间想那么多，我直杀篮下。之前所有的跳高训练都没有白费，因为在我完成灌篮的时候，整个球馆都能感受到那股泰山压顶的力量。在高中联赛中灌篮是不一样的，因为大家都是学生，学生就喜欢找机会表现自己。但这里是半职业性质的比赛，看台上有各个俱乐部的“制服组”。甚至当我完成那记灌篮后跑回防守位置时，依然能听到观众席中传来的嘈杂声和欢呼声，我知道自己做到了。那记灌篮对我来说，不是难事，但足以让全场沸腾。

后来，我在球员通道遇到了达柳斯·迈尔斯，他的比赛已经结束了。“哟，不错的灌篮”。他跟我说完这句话就走了。我不敢相信，“夸奖我的人竟然是达柳斯·迈尔斯！他喜欢我的灌篮！！”

那年，我们球队止步于分区赛（相当于NCAA比赛的第二轮）。我们在季后赛遇到的对手是距离斯普林菲尔德西面大概100英里（约160公里）的昆西高中。比赛前一天，我们得知队里身高接近两米的蒙特兹·斯莱特在一场选拔赛中手腕受伤了。这很糟糕，我们一直在为赢得州冠军努力，关键比赛时球队中锋却没了。帕顿教练不得不调整阵容，这就意味着我不会整场都坐在替补席上。我将会在一队的重要比赛中上场，意味着更大的舞台在等着我。

我尽量控制自己不紧张，但我真的很紧张。我不断提醒自己，这就是刻苦训练等到的机会。我各方面都很优秀，如果教练觉得我没有准备好，他就不会让我上场。对我们更不利的是，昆西高中的篮球水平排在全国前列，在全美高中比赛中，他们的成绩可以排到第四位，至少每隔几年就会获得一个分区冠军。这样的成绩和道格拉斯家族有很大关系，他们是一群球痴，家族里祖孙三代全都打篮球。多年以来，差不多有13个道格拉斯家的孩子在昆西高中打球，其中就包括1981年全国锦标赛的得分后卫、被冠以“篮球先生”头衔的布鲁斯。还有一位状态稳定的前锋丹尼斯。我对位防守的是“神射手”安迪·道格拉斯，他在高中篮球生涯中已经投进了100个三分球（这在当时是很夸张的数据）。

教练让我提前上场，我脑子里想的就是力拼，不要花样，稳扎稳打。随着比赛进行，我不再觉得这是一场很重要的比赛，只是按照我的习惯去打球。我打得很认真，抢断了几个球，防守也不错。大部分时间我并没有想着得分，而是串联队友，让每个人各司其职。昆西高中是一支非常优秀的球队，训练有素，打法聪明。但是我意识到，其实我们也是一支非常优秀的球队，至少我这样认为。为了我的球队好好对付昆西队，使每个人尽快进入状态，我认为这是我的责任。当我注意到某个球员总是从左侧进攻，就会和队友分享这个发现；当我看清对方防挡拆时的套路，就会让队友也看穿对方的意图。现场观众非常喧闹，我们勉强能听到自己的声音，但我觉得，让每个人保持冷静，按照自己的方式打球，是我应该做的。

昆西高中确实比我们的实力更强，我们最终还是输了，但是那场比赛让我有了一些改变。这次经历又是一个证明 —— 当我遇到新情况，依然可以对比赛有清晰的认识，并且知道如何应对，可能从那刻开始，我才真正对自己有了信心。第二天，我去参加了一个田径运动会，在跳高项目中跳过 1 米 98，而去年我的最好成绩还是 1 米 85。我不知道怎么回事，似乎没有任何改变，又似乎一切都已改变。

接下来的暑假，我一直在当地的高中夏季联赛打球，差不多每周打两三场比赛。我精力充沛，自信满满，状态很不错。现在我可以生吃对手，说起来不好听，但感觉很棒。

那时我还只是高中生，而瑞奇和我不同，他已经俨然像小球员那样开始职业生涯了。他换了一个AAU球队，好像全国各地的篮球圈都有他认识的人。除此之外，伊利诺伊大学从他12岁开始就一直想要他，所以他认识很多大学联赛的球员和教练。有一次，我们借了一辆车，来到伊利诺伊大学的厄巴纳－香槟分校，和一群大学生打比赛。那时我还没有认真规划未来的职业生涯，只是觉得，看这些大学生球员如何打球是件很爽的事情。那年伊利诺伊男篮的核心人物是科里·布拉德福德，1米90的后卫，每场比赛稳如老狗，场上无死角。他一点儿也不装，人很好，可以接球投篮，后撤步出手，突破杀伤能力也不错。他是队内第一得分手，大一那年得分就达到了494分，大学4年里，他每年都领跑全队三分榜。

机缘巧合之下，在这场选拔赛里，科里是我要防守的人。一级联赛强队首发球员、第一得分手，将由一个高中二队球员防守，我已经准备好要被吐槽了。我唯一的希望，就是科里对我客气一点，因为我还是小孩。但随着比赛进行，我似乎忘记他是谁了。并不是不尊重他，而是在我看来，他只是优秀的球员，而不是我想象中的猛兽。我以前认为，我和他的对决应该像小孩打大人，但是大部分时间内，我感到自己防守的就是一个普通球员，甚至可以盖他一两个球。那种感觉很棒。

"科里这个家伙也没有那么厉害。"在回去的路上我对瑞奇说，"你明白我的意思吗？他确实很不错，但是他的进攻和我的防守之间的差距，没有我想的那么大。"要不是因为回家之后看到报纸的报道，我可能都忘记了那场比赛。直到今天，我也不知道是怎么回事，但是报道的内容是这样的："安德烈·伊戈达拉，兰菲尔高中球员，在香槟分校防死了科里·布拉德福德。"所有人对这件事情的关心甚至盖过了这位一级联赛顶级得分手科里，让我很惊讶。我觉得，人们开始关注我了。

说起来很好笑，那篇报道对我的生活产生了一些影响。我母亲开始把我打篮球当回事了，仿佛看到了未来。他们更愿意让我出去打球，投入更多时间，把篮球放在首位。这个时机非常好，因为瑞奇恰好向他的 AAU 教练谈起我。他们见过我的比赛，很快我就被邀请和他们一起去纽约打球。那里大部分球员来自芝加哥，所以我感觉自己就是个土包子。在那之后，我大开眼界。现在我基本每周都飞到不同的城市，也已经去过很多地方，在伦敦和中国打比赛，和乔治亚州的队员交手，又和东欧格鲁吉亚的球员较量。如今看起来不算什么，但在当时，对于大部分队员来说，芝加哥和斯普林菲尔德的差别就好比地球和火星。在那些大城市来的球员眼中，我是一个可以忽略不计的人。那段时间，我略显尴尬，性情敏感与人疏远。我没听过新潮的俚语，没听过流行的音乐。说得委婉些，这是一段艰难的适应过程。他们会取笑我，就像很多大城市小孩瞧不起乡下孩子那样。除了这些，这是一群篮球水平很高的小伙子。一个去了杜克大学，另一个去了伊利诺伊大学。如果我没记错的话，那批球员全部打上了一级联赛。

在纽约打球，最棒的事情是可以亲眼看到全国顶级的球员。在电影《黑白游龙》（White Men Can't Jump）里有一个场景，球员们来到赛场，审视着周围所有对手。现实和电影里的场景很像。那些以往只能在杂志上看到的球员，全部出现在这里。得克萨斯队的布雷希·赖特，还有达胡安·瓦格纳、凯文·托尔伯特，全是这样的球星。我还看到一个白人男孩投篮神准，如同往面包上涂黄油那样轻而易举。我从没有见过这么流畅的投篮动作。“他是谁啊？”我问道。噢，原来是雷迪克。

这里的比赛水平完全不同。每个回合，球员都拼尽全力，一切都非比寻常。打高中球赛时，你感觉就像在家里一样。母亲、阿姨和表兄弟都在人群中看着你，还有老师、同学在那儿，你当然拼尽全力去赢。身边都是你熟悉的人，会让整个局面温和许多。但是在纽约，所有球员身边都没有家人，每个人看上去却更老练，像是一群头发灰白的雇佣兵。看到高中生都有那样的言谈举止，让我感觉很怪异，需要一点时间适应。每场比赛，我上场四五分钟，被撞来撞去。比赛的节奏很快，开始我只能勉强跟上。这些男生不仅在打篮球，还在争取奖学金。从某种角度看，他们是为自己的生活打拼。其中很多人比我更高大、更成熟，也更有经验。从那天起，我的座右铭就没有改变——不要把事情搞砸。

第二天，我突然意识到，前天打球的样子不像自己。和昆西高中的比赛，有一刻我觉得在做自己，在伊利诺伊的比赛也有类似的时刻。我所说的“做自己”，就是我专注比赛，而不是在意自己打得好不好、我是不是场上的优秀球员，或是教练有没有看到我的失误。我只需要单纯关注比赛本身，但是在这里我却不是这样的。为什么？是因为我努力不搞砸？还是因为我习惯的打法不足以应对如此高强度的比赛，所以我不敢假动作？但这样做对吗？热身时，我环顾球场，其他人都在聊天、投篮、拉伸，但是他们看起来不再像雇佣兵或者球场战士，而是他们本来的样子——孩子——在家也有父母、外婆宠着的孩子，一群热爱篮球、打球足够厉害才能来纽约打比赛的孩子。他们和我是一样的。我昨天花了一整天时间看他们打球，不应该惧怕他们中的任何一个。我的意思是，可能有些人在某些方面比我强，那是因为他们足够优秀。我来到这里，不也是因为我足够优秀吗？所以，我决定告诉自己我属于这里，不用在意面前的对手是否参加了麦当劳全美比赛，也不用管他是不是出现在《体育画报》上。能和这群人打球，是因为我有这种能力。

开场跳球后，我又重新找回了自己。我甚至不记得那场球结果我们是输是赢，但我知道，自己已不再畏惧。

巡回赛结束的那天晚上，我和一群队友搭乘邮轮去时代广场。初秋，城市冷飕飕的，我们却兴高采烈，感觉身体里有无数盏灯在不断地闪烁。我当时还那么年轻，觉得自己是冠军球员，整个世界都在等着我们去征服。我用母亲给的零花钱给自己买了一块山寨版劳力士手表，还有几条假金链子。我知道是假货，但是没关系，好看就行。我戴着这些金链子回到斯普林菲尔德，在胸前抓得紧紧的，好像它们是金牌。

高中最后一年的记忆很模糊，在比赛、学习、训练中周而复始。但是一切都在发生变化，不仅是篮球，还有生活。我意识到，我要尽快到外面的大世界去闯荡。篮球在我面前慢慢发生改变，它仍是一项运动，但正在朝别的方面发展。它还是一个人生方向、一个梦、一笔生意、一条路。不久之后，篮球正式打开我通往大学的大门。

3

太阳滚烫

人生中总有一些时刻，会彻底改变我们，决定我们人生走向。有时我们会很确定，比如在NBA选秀大会上我被选中，就是这样的一个时刻。听到我的名字，第九顺位，我知道所有熬夜看电影、错过派对、早起跑步锻炼……都是为了让自己变强变快。把自己逼到痛苦极限的日子，终有回报。

但有时候，这样的时刻是平凡且悄无声息的，并没有什么特别之处。直到很多年以后，我才明白这些瞬间意味着什么。就像这一次，我作为大二学生，即将谱写亚利桑那州的人生新篇章。

我站在一个挤满人的高档高尔夫球会所里，略显尴尬。19岁的我夹在人群中，身上的白色高尔夫球衫从里湿到外。那真是筋疲力尽的一天。首先，我要在这里和大学体育比赛的赞助负责人聊一会儿。我看着他们把杯中酒一饮而尽，而我只是小口抿苏打水。我站在他们中间，显得很另类，我试着让自己两米高的身体放松下来，听他们聊一些商业交易、房地产和许多与我无关的话题。我不时地环顾四周，希望找到我的队友。队友也是亚利桑那大学野猫队的球员，被拽来参加这次尴尬的赞助商见面会。好像我看到的是哈桑·亚当斯，来自英格尔伍德的1米93后卫，看起来他在吧台边也不好受，笨拙地缓慢走动，强颜欢笑，显然他也不太适合。一个瘦瘦的白老头和哈桑激动地聊天。老头满脸通红，顶着一头怪异的白发。他可能在给哈桑提一些建议，可能是怎样防守UCLA后场球员。哈桑使劲地点头，眉头紧锁，十分投入，好像在听老头说自己老婆是怎么死掉似的。

同时在我这边，一个赞助商问从我哪里来的。

“哦，嗯，伊利诺伊州的斯普林菲尔德。”

“斯普林菲尔德？林肯的出生地！”

没错，每当有人问我来自哪里，大多会如此回应，“林肯出生地！”好像和他有关系。那我到底要怎么说呢？对，我和林肯出生在同一个地方，他成了总统，而我那时也许会成为奴隶。奇妙的巧合，对吧？其实我想了很多，为什么白人总是说我和林肯出生在同一个地方？我想不到一个黑人问你“家乡在哪儿”，然后主动提起已经去世150年的总统。黑人会问不同的问题，“那里怎么样？很荒凉吗？你有没有兄弟姐妹？他们听谁的话？”都是和我的生活相关的问题，而不是一些无关痛痒的陈述。这段尬聊如果细想，你会觉得很可笑。

“对。”我说道。然后再次陷入令人尴尬的沉默中。

“那里离这儿很远啊，什么风把你吹来亚利桑那来了？想做个日光浴？”

这家伙满嘴跑火车，说个不停。我抬头看哈桑，希望能和他对上眼，但是那个老头还在喋喋不休，夸张地比画着，显然在讲一个自认为非常好笑的故事。哈桑边听边点头，眉毛上扬，好像听到了闻所未闻的新鲜事。他看上去浑身不自在，我不知道自己是不是也像他一样尴尬。我不喜欢这种感受。我本认为自己在应对白人方面比大多数人强一些，还一直对此引以为豪。在白人面前，我从来不胆怯，也不轻易听信他们的胡说八道。如果换作《皇帝的新衣》里的人物，我就是那个说真话的小孩。

“不是的。奥尔森教练的篮球队很棒，也是一个众所周知的传统强队，所以我到这里是来帮助球队获得全国冠军的。”

我有点鄙视自己这种说话方式，我猜自己是在以某种方式练习在发布会上和接受采访时的话术。我听到的所有伟大球员和圈外人都是这样说话的，迈克尔·乔丹、“便士”哈达威、杰伦·罗斯、斯科特·皮蓬——这些人都精通一种深沉的、不带感情色彩的说话方式，惜字如金，语气温和，不透露更多信息，但还不能显得粗鲁。我毕业那年就被选入球队，斯普林菲尔德当地报纸记者还打电话问我是否签了意向书，那时我就在练习说话的技巧。校报记者采访我的时候，或者在杂货店遇到想和我讨论篮球的校友时，我也一直在练习如何说话。

我希望“众所周知的传统强队”的回答可以结束这段对话。我不想告诉这个人，我不远万里来到亚利桑那，是因为这里可能是一个中西部黑人男孩所能踏足的最奇异、最干净、最热、最干旱和最西部的土地。我不想告诉他，最初我是如何拒绝亚利桑那著名教练卢特·奥尔森，转而和阿肯萨斯的黑人教练诺兰·理查德森签订意向书的。我决定只选择黑人教练负责的球队，因为，当一个白人冲一群黑人小孩吼叫，背后的种族歧视让我实在不舒服。理查德森到我家里，和我母亲、继父坐在客厅，否认费耶特维尔（美国北卡罗亚纳州南部城市）是一个种族冲突严重的地方。但就在我和他签约的几周后，他辞职了，并在新闻发布会上宣布了这一爆炸性消息，还坦言他“被双标评判，我们都知道为什么”。我不想告诉他这件事情让我非常恼火，本来黑人执教的球队就没几个，可这些选择中，黑人还是会难觅一片净土。我很喜欢理查德森教练，无条件地信任他。他似乎是把我的利益放在心上的人。对于其他教练，我无法确定他们是不是虚情假意盘剥我。但是和理查德森教练一起，从他和我的父母、兄弟，以及和其他教练交谈的方式，还有他在我生活的社区所花的心血，就能感受到他是真正了解我的人。

但我们还是没能并肩作战。理查德森在费耶特维尔和自己的心魔斗争，当他在风暴中黯然离开后，我无处可去了。身陷绝境，但我还是给卢特·奥尔森打电话，告诉他我重新考虑加入亚利桑那野猫队。“好的。”他说，“但是你必须来，我不会给你两次机会。”

事不过三。

值得庆幸的是，麻烦终于解决了。还有一件事情，我不想告诉这个高尔夫会所里的人。我必须去亚利桑那，因为我升入高三时，心中只有一个目标——离开斯普林菲尔德，越远越好。

别误会，斯普林菲尔德是一个适合青少年成长的地方，不太危险也不太混乱，犯罪率和枪击事件率处在全美平均水平。总有一些年轻人举止疯狂，还有毒品交易，犯罪和枪击随之而来，但是我并没有因此受到影响。当大家看到我有某种天赋，就会保护我。他们会说，“你不能跟我们一起混，你的生活不该是这样的”。甚至我的亲哥哥也区别对待我，告诉我，“你有出人头地的机会——不要蹚这趟浑水。”尽管他这么说让我感觉自己是个小孩，但这就是他们照顾我的方式。我在篮球方面一直都很有天赋，可以在暑假的青少年俱乐部球场上保持不败战绩，甚至可以和比我大上几个年级的球员一较高下。

但征战 AAU 联赛是十分重要的机会，我第一次证明自己不仅在斯普林菲尔德足够优秀，在全国也是如此。后来的一个暑假里，我接到耐克训练营邀请，再次展现了我的实力。这次训练营的男生更强，皆是精英球员，但我有理由相信，我能来这里并不是偶然。当我可以得到并且抓住这样的机会，更广阔的世界会在你面前渐渐展开。一旦世界对你敞开大门，就永远不会关上。

回想起来，我已经明白，为何有些人永远都无法离开斯普林菲尔德。拿杰夫·沃克来说，他几乎是我从小到大所认为的最接近成名的老乡。过去我喜欢翻开《斯普林菲尔德日报》，看他像超人般飞在空中抢篮板，或者在隔壁高校的学生头上扣篮的照片。这比看到迈克尔·乔丹或者“便士”哈达威还令人兴奋，因为杰夫·沃克证明了我们也可以飞。他高三时身高就有 1 米 96，大家都认为，等到他去爱荷华上大学时，会成为国内最厉害的球员。但现在他的身边还是那些发小，那些人无论如何都对他的事业无益。可能他太年轻，看不到危险，也可能是他有一点幸运者的负罪感，因为外界对他刮目相看，他会觉得对身边的人有所亏欠，认为自己不值得拥有这么好的机会，为了补偿，他不断地在那些不太可能像自己一样获得机会的人身上浪费金钱和时间——他犯了一个错误。不管出于什么原因，他和发小们玩起了 ATM 诈骗，最终从爱荷华大学退学，被判以重罪，缓期三年执行。在此之前，他还能在大学比赛中有几分钟的上场时间。后来他尝试到一个专科学校重新开始，但因为有一年的感恩节，他因回到斯普林菲尔德违反了假释条例，法官把他关进监狱，他的体育老师因此放弃了他。他之后又混迹几个小比赛，最终失去了上大学的资格。一个人只有这点时间将大学篮球生涯变成职业生涯，但是杰夫·沃克透支了。最糟糕的是，生活中的他依旧不知悔改。篮球技术没有退步，但他没有明白这些事情的因果关系。在我看来，杰夫·沃克拥有一名优秀球员应该具备的所有潜质，但仍然不够。

像杰夫·沃克这样卓越的天资，却最终落到如此下场，这在很长时间内让我难以释怀，因为整个经过像电影慢镜头一样出现在我眼前。他好像被困在流沙之中，永远无法逃脱。除了杰夫，斯普林菲尔德还有许多这样的悲剧。史蒂夫·狄克逊、瑞奇·麦克布莱德，也没有如大家所愿走得更远，甚至连我的哥哥弗兰克也是如此，他本可以在 NBA 打球，前提是他认真完成学业，然而他并没有。无论何时我回到家乡，那些年轻人还在原点，做着和原来同样的事情，甚至穿着都没变。我对此吃惊不已。

小镇对他们的吸引力似乎有一种惯性，呈现出危险的昏睡状态。你遇到一个人，你们有了孩子，经济开始变得很紧张，整日为五斗稻粱谋，重要的机遇便不会主动来敲门。你只能找一份工作维持生计，然后突然意识到，如果搬回去和妈妈住会省下一大笔钱。你本想着这只是暂时的，但后面的事情如连锁反应，实则都已注定。在斯普林菲尔德，如果你让自己的生活顺其自然，那么直到死去，都会被困在那里。我觉得这种结局像是渐冻死亡，而很多人说，在临死之际人还会感觉到温暖和舒适。你必须拥有一种巨大的动力，利用你的优势，催生某种爆发力，让你从下落的过程中挣脱出来。孩子要在上一代输掉的战斗中继续战斗，因此我从母亲手里接过了这一棒。

现在我环视自己所在的房间，这不是一个会让我冻死的地方，这是一间亚利桑那的高尔夫会所，聚集着大学体育赞助商。仙人掌绿得发亮，窗外的远山慢慢褪去金黄的颜色，而太阳在无边无际的天空中火热地燃烧。往窗外望去，可以看到很远很远。我突然想到，在这个房间里，二十多个白人中的任何一个人此时此刻的银行账户存款，都比我认识的任何一个斯普林菲尔德人一辈子挣得还要多。不知什么原因，我站在这群人中间，显得很另类。我不傻——我知道这些人如何看我——从贫困的黑人社区走出来的运动员，很可能来自一个破败不堪的社区、一个破碎的家庭，和富人一起出入高档会所应该很开心。但我自己却在想，是否有一天，我不仅能跻身其中，而且是以平等的身份，穿着一身清爽舒适的高尔夫衬衫，端着一杯冰酒，在觥筹交错间怡然自得，银行里的存款多到我根本不用去想。那时看起来是不可能的，然而……

那时我 19 岁，并不知道自己是否强大到未来可以去 NBA 打球。我还不知道，自己会在 NBA 选秀的首轮入选，成为球队的当家球星和“十佳球”常客。我还不知道自己的职业生涯会延续十多年，不知道自己会赢得奥运会金牌，成为第一位夺得总决赛 MVP 的球队替补。我还不知道自己会被评为“史上最伟大的球员之一”，赢得总冠军戒指，会在一支常规赛取得 73 场胜利的球队打球，后来继续在这支被许多人认为是史上最佳的球队效力。我还不知道自己会搬到湾区，每年挣几千万美元，悠闲自在地一边打高尔夫，一边和科技大佬以及地球上最富有的一群人谈生意。

事实上，在那一刻我只知道三件事情：一，那个会所里热得要命；二，面前这个人会不断地问一些愚蠢的问题；三，这是我唯一的机会，我必须让情况朝有利于我的方向发展。比如说，我必须学会如何闲聊，同时意味着我必须要坚持训练、学习、研究比赛录像，不去参加派对，远离毒品。训练到深夜，早起负重跑步，都是必须要做的事，这样才能确保我再也不会回到斯普林菲尔德。无论如何，我都不能回去。

对话终于结束了，哈桑从客厅另一边瞥了我一眼。我们对视一会儿，然后突然大笑起来，差点儿喘不过气。体育老师早就给我们打预防针了，他提醒我们，在赞助商面前不要像傻子一样。所以我们的眼神迅速从彼此身上移开，继续假装严肃认真的样子，迅速转换回成人模式。

第一次踏上位于图森的校园，像走进一个完全不同的世界。我从来没见过这么多白人聚集在一起。文化冲击很强烈，似乎每个学生都开着一辆宝马三系或者五系，几乎停满校园。一个女生跟我闲聊时无意中透露，她爸爸拥有西海岸一半的加油站。看来贫穷真的限制了我的想象力。

我首先去卢特办公室报到。他在那儿和所有新球员见面，以后我们就是他的球员了。卢特是一位精神焕发的老爷子，银色胡须修剪得很干净，一副圣诞老人般的红脸颊，他的脸似乎应该出现在圣诞姜饼的包装袋上。但是，在和蔼的面庞之下，隐藏着他冷酷的一面。我并不是说他坏话，只是说他是一位老派篮球教练，秉持着约翰·伍德式的传统。他只关注篮球，也希望队员能全身心投入。我将在他的麾下打球，即便在两年以后，我也弄不清楚自己是否喜欢他。不过，有一件事很确定，他教给我的篮球哲学和其他教练不一样。

这都是后话。和卢特初次见面彼此还算尊重。赛季还没有开始，工作人员像招募时那样吹捧我们，不过还是那些陈词滥调："实在太激动了，有你们加入本赛季将会非常精彩！我们迫不及待马上开始"。然后就是结束，道别。那天，他们发给我们三种服装——几条短裤、一件衬衫和一件紧身衣，都是临走时塞给我们的。就像新兵训练营入营前发衣服，不过区别在于，这次的衣服是耐克的。那天下午，我接到一个球队工作人员的电话，“安德烈，明天在训练馆有一场选拔赛，下午1点”。

终于有我能搞定的事情了。我很激动，因为马上就可以在球队中确认自己的位置，展示我的球技。过去的几个月，我聊的全是篮球，脑子里想的都有关篮球，如何面试，如何选择大学球队，不过只要有球可打我就很激动。第二天中午12点40，我们陆续进入球馆，穿戴好训练装备。很多球员我都在各种联赛和AAU比赛中见过，所以并不是很紧张。我们闲聊了一会儿，然后开始热身。那时我才注意到，自己已经置身于完全不同的环境中了。

亚利桑那大学篮球队引以为傲的是它的球队管理。球队经理有的是获得奖学金的毕业班学生，有的是想进入教练行业的毕业生。服务每个球员是他们的职责，如果你想去哪儿，给他打电话；如果你需要人帮你记录或者检索数据，给他打电话。不过他们最重要的工作是捡球，听起来很不起眼，但却是件最重要的事。当你投篮的时候，球队经理需要确保你不用全场追着球跑。这里还有一个不成文的规定，所有球不得落地超过一次，不然经理就会有麻烦。所以在我们投篮的时候，一群人拼命追逐落地球，以最快速度扔给投篮球员，像在打美国网球公开赛一样，这种场景我以前从未见过。那时我才明白，原来这里的篮球氛围是这样的。

杰森·加德纳和威尔·拜纳姆，我以前没见过，但是听说过。特别提一下拜纳姆，他在伊利诺伊州是神一样的存在，身高只有1

米 72，却可以隔人暴扣，他的传奇故事比他本人还有名。尽管这是一场选拔赛，看台上有四十多人，有送球员的家人，还有其他项目的人。球队老大哥卢克·沃顿和杰森各自选了些球员，随即我们便上场了。

一开始由我防守卢克·沃顿。我认为自己防他应该不会太费力，因为实话实说，我瞥了他一眼，就觉得他是一个“动作迟钝的白人”。然而，后面发生的事给了我当头一棒。卢克在弧顶位置移动，他不会朝你直冲过来，或者来一些华而不实的胯下运球，但他招式多样，总是能得到出手空间，你都不知道他是怎么做到的。转身投篮，后仰出手，勾手 —— 他无所不能。他可以在挡拆时慢悠悠地晃动身体，然后在我面前突然出手，第一次防他，简直是我最别扭的篮球经历了。他的速度很慢，但总能先你一步，甚至你知道他下一步要做什么，就是阻止不了。比如说，当他加快运球节奏时，常常意味着有人要溜底线空切，理论上你可以封堵他传球，但他总能找到最好的角度，从你身边把球传过去。他能够应付你的运动能力，你却无法对抗他的力量和球商，他就是有办法让我精疲力竭，但又无力反抗，这使我想向他好好学习。

我从这场比赛还认识到，萨利姆绝对是大学篮球历史上最厉害的三分射手，这点毋庸置疑。那次选拔赛，他弹无虚发。我防不住卢克的原因，可能是自己分神了，因为我一直在琢磨萨利姆是如何做到一球不失的。我想弄明白的，不仅是那场比赛，而是他的整个篮球生涯。大学最后一年，他的三分命中率超过 50%，真是不可思议的投射能力。也就是说，那个赛季他投中了120个三分球。大学篮球历史上，只有三位球员以不低于50%的命中率投中100个以上的三分球，萨利姆是其中之一。而他大学最后一个赛季的真实命中率，投篮、罚球和三分球加在一起是68.9%，太可怕了。与之对比，斯蒂芬·库里大学时期单赛季的最高真实命中率是64%，这些数据你都可以自己查到。大学里像萨利姆这样极其优秀的射手，简直是凤毛麟角。

随着那场比赛的进行，大家逐渐放松下来，开着玩笑，不再紧张，一切都回归篮球本身，如此纯粹。这是一场没什么意义的比赛，但又满含深意。后来我防守哈桑·亚当斯，他也是我大一的室友。我们形影不离，学校里的人，包括教练都误会我们的关系。我们打同一个位置，所以必然存在竞争。那天下午我们对位的时候，这种竞争尤其明显。两人激烈争抢，互不相让。大概第三节或是第四节的某个回合，我防守他，他的一个假动作让我犹豫片刻，扑错了方向，他随即绝尘而去，我因此被大家疯狂吐槽。他杀入内线准备得分，我想都没想，追上去就送了他一记大帽，把球足足扇到看台第10排的位置。我只记得当时有人扯着嗓子喊了一句“好球！”我其实不需要那么用力地封盖，但是我的确铆足力气。那一刻，仿佛给我俩，也可能是给全队定了调：我们很有天赋，必须无死角地充分利用。

终场哨响，我破茧成蝶，正式进入了一个全新的世界。我深知自己属于这里，从那一刻起，我和以前的生活彻底告别。

到亚利桑那大学之后，对我来说，最大的震撼是和奥尔森教练相处。他用一种既疏远又严苛的方式与人相处，让人很难捉摸。似乎无论我怎么做，在他看来永远都是错的，尽管都是一些小事。如果我站的方向不对，他就会冲我大喊，哪怕可能只有5度的偏差。诸如此类的事情让我抓狂。当时我认为，这些在亚利桑那大学练习的基本功，在别处根本没什么用。但当最终进入NBA，我才清楚地认识到，奥尔森教练的指导帮助为我赢得比赛夯实了基础，可能很少有教练能做到这一点。奥尔森教练还有一种天赋，能将不成熟的球员、未受训练的天才锻造成职业球员。但那时的我作为一名新生，还看不到太远。在我看来，他就是一个臭脾气老头，以激怒我为乐。

或许，我本可以把和奥尔森教练的关系处理得更好。如果你那时问我，我会说自己是一个没有脾气的球员。但从现在往回看，觉得真正让我不能释怀的，是奥尔森教练不让我过于自负。在这之前，我早就习惯自诩优秀。19岁的我，已经觉醒的自我意识非常强烈。有一次训练我记忆尤深，那次我敷衍了事，没有认真对待。我不知道自己那天是怎么了，无论教练什么时候跟我说话，我都对他翻白眼，当然，教练对我也不客气。很难分清楚哪一个是因，哪一个是果。我训练时敷衍了事，是因为他激怒了我，还是他因为我敷衍了才生气？不管前者还是后者，我们相处得并不好。

他把我拽到一边，单独谈话，这是幼儿园才会出现的情况。我知道自己做错了，但当我处在某种负面情绪中，不喜欢被人控制。

所以我摆出死猪不怕开水烫的架势。

训练结束后，一位助教把我拉到一边，对我说："安德烈，今天有球探来看球。"

"他们来看谁？他俩吗？"我边说边指向我队友。

"你问'他们来看谁'是什么意思？笨蛋，他们是来看你的！"

什么？听起来太不可思议了，NBA 球探为什么会来看我？

我知道自己技术很全面，但并不觉得自己是球队最强球员。最强的球员应该是萨利姆。

萨利姆值得尊敬，也是一直以来我最喜欢的队友之一。他是俄勒冈州的波特兰人，信奉拉斯特法里教（该教信徒大多是贫穷的黑人，除宣扬其教义之外，也倡导解决贫穷和压迫等社会问题的解决），也是素食主义者。就受教育程度和阅读习惯而言，我和萨利姆差不多。我们经常交换涉及黑人历史、种族、社会学、非洲国家等方面的书籍。只要和黑人、教育有关的书籍，我们都很感兴趣。

我们常常就这些话题彻夜长谈，通过互相交流增强我们的思辨能力、自我认知和自尊心。这跟我和瑞奇谈论篮球相似，不过和萨利姆谈论是关于政治、改革、精神和意志方面的话题。

队里还有非常优秀的球员，像卢克·沃顿，他是我所知道的最出色、最博学的球员之一。哈桑·亚当斯、以赛亚·福克斯，都是我很好的兄弟，我爱这帮队友。有这些人在队中，我们便能战无不胜。我们常常在一起，还因为学校在亚利桑那，离我们的家都很远。

在大一那年，也就是2002年，我们取得了不俗的战绩。常规赛28胜4负。夺得分区冠军后，我们一路闯进NCAA的精英八强，最后输给了堪萨斯大学篮球队。我觉得球队才刚要起飞，明年我们会卷土重来，走得更远，没准儿一路冲到总决赛。目标看似明确，但随着时间推移，大一时还很单纯的想法，到了大二却变得复杂了。

凡事都有过程。从相信自己仅能走到大学篮球联赛，到发觉自己其实具有打职业篮球的潜力，这是一个过程，且有些漫长。现在看起来不可思议，但那时我却意识不到。在亚利桑那大学那些年，积沙成塔，量变引起质变；星星之火带来希望，也带来了更多的可能性。

到大二时，我觉得自己的打法很合理。不是厉害，不是卓越，而是合理。我尽力而为，尽可能让自己达到NCAA联赛的竞争水平，这是我的职责。我极其认真地对待这件事情，从心底里认为这不关乎名声、财富和成功。我只是渴望成为非常优秀的球员，没有任何一支球队的球员能比我更努力、准备得更充分、执行力更强。

然而，后来有一些网络上的博客，一些类似模拟选秀的东西出现了。“如果今日选秀大会开始，这些就是乐透区的人选”。NBA的球队总经理们研究球员数据，球探们则积极表达自己的看法。

这并不是我关注的东西，所以一天训练结束后，一个队友在更衣室看着他的笔记本，大声叫我，令我感到很吃惊。

“哟，安德烈，你在这个选秀名单上。”

“什么选秀？”

他指给我看，我的确在，有些网站还把我排进首轮。奇怪，我有点眩晕感。我的反应是，他们是不是在讨论另外一个名叫安德烈·伊戈达拉的人。

我耸耸肩。网络新闻、体育圈的人和媒体——他们从来不知道自己在说什么，只不过是想博眼球而已。

几天后，比赛结束我从球馆出来。那是一个典型的亚利桑那式傍晚，夕阳西下，很凉爽。一个谦逊温和的方脸黑人似乎在等我。这种大众脸根本不会引起我的注意，直到他把我拦住。

“嘿，安德烈。最近怎么样？”

“嗯，还好吧……”

“嘿，先自我介绍一下……”他告诉我，他是来自芝加哥的体育经纪人。

我愣住了。我还不太了解NCAA的规定。不过我很担心，单单站在这个家伙旁边，就已经违反某项规定。整个过程，有点像给我设的圈套。

他打量着我的表情，笑了出来：“哥们儿，你怎么这样看我？别担心，我没有给你什么东西，不违反任何规定。我觉得你是很棒的球员，过来和你打个招呼。”

“谢谢！但是我觉得，我不应该和经纪人谈话，不想找麻烦。”

他表示理解：“是的，我当然不是想给你找麻烦。别担心，我们会按照正确的方式处理的。我对你很有兴趣，你是个优秀的球员。”

“你对我哪方面有兴趣？”

我们交换了电话号码，一直保持联系，加深彼此的了解。每场比赛结束后我们互发信息，他会告诉我，从他的角度看，我哪里需要加强，哪里做得比较出色。

有一次，他说了这样一句话，“你今晚的打法，就是球队喜欢你的原因”。

“我不明白。”

“你不明白什么？”

“我是说，教练一直告诉我还有很大的提升空间，必须继续努力。”

“哥们儿，那是因为他不想让你离开。你看不出来吗？”

我真没看出来，也压根儿就没往那方面想。我在球队里，努力取悦教练，去赢下比赛，充分发挥自己的能力，以此达到他给我设定的标准，我从未想过他可能也有自己的小算盘。尽管这样的事情以前发生过，在高中二队打球的时候就有，但大学里也会这样我实在没想到。我不应该这么单纯，但我总是这样天真。显然，我要学的东西还有很多。在那之后，一切都变了。有一个问题将会在未来近十年里一直困扰我，甚至让我辗转反侧，夜不能寐。

跟一个没有经历过失眠的人，是很难描述这种感受的。我像在被时间折磨着，被黑夜蒸煮着。每个夜晚，我躺在床上，假装一切都会好起来，会真的好起来。可能我闭上眼睛，被寂静笼罩，就能浅睡。但乱七八糟的想法再次闪现脑海，如一次糟糕传球或者投篮打铁。你开始想教练会说什么，开始回忆难以承受的训练会不会影响自己的未来，开始思考这些对你的篮球生涯和日常生活有什么影响。你要求自己做对所有事情，但却感觉自己永远无法做对。这些想法，尽管稍纵即逝，却产生了足够的肾上腺素，让你大脑兴奋，心跳加速。

你整夜很清醒，瞪大眼睛，听着秒针的滴答声。你起来看电影、看录像、打游戏、玩 PS2，转移自己的注意力，才能消磨夜晚剩余的时光。当恐惧渐渐褪去，天亮了，你必须振作起来，准备面对新的一天。

一旦想成为职业球员，我就患上入睡困难症。在之后将近十年时间里，这种情况时有发生。也许是因为从我成为职业球员的那一刻起，篮球就从比赛变成了生意。

打定主意之后，时间似乎加速了。我必须做一个决定，要宣布吗？我该如何应对选秀？学校成绩怎么办？我应该先读完大学吗？要是我被不好的球队选中怎么办？万一球探的判断是错的，没有球队想要我呢？要是我打得不好，失去成为职业球员的机会呢？打不打职业其实是为了达成我自己的期望，或者是队友和教练的期望。我只有 19 岁，每次出手似乎都能决定未来的命运，这是一种常人难以承受的压力。在进职业队和留在卢特·奥尔森的球队之间，我的自信心产生动摇。

而且，我在应对媒体报道上也感到困难。大二时，我们闯进了洛杉矶的Pac10联赛。这个联赛不太容易，因为规则不一样。你无法直接从宿舍或者酒店前往确定的比赛地点。实际情况有点混乱，你住在酒店，但你每天的时间、地点安排都不一样，日程一直在变化。如果这支队赢了，11点去这个球馆；如果那支球队赢了，10点去那个球馆。很多其他比赛也在同时进行，媒体在那儿，球迷和鼓吹手们到处游荡，整个场面很疯狂。有一天要打两场比赛，在做赛前准备，我突然发现忘带袜子了。事情这么多，我有点恍惚。于是我离开更衣室，给女朋友打电话，问她能不能去一趟酒店，然后顺路把袜子给装备经理。

我是在球员通道里打的这个电话。

女朋友把袜子带来了，看起来一切顺利。我们最终赢了比赛，但是我发挥得并不好。我不是很适应这种比赛节奏，有时候就是这样，下一场我会克服的。至少这一场，我们晋级了。

第二天，体育板块的首页出现一张我打电话的照片，标题暗示我不专注比赛，上场前几秒还打私人电话。其实当时离比赛开球还有90分钟，我打电话只用了45秒。但不知怎么回事，我给大家的印象就变成了在球队至关重要的时刻只想自己的破事儿。读者会怎么看我呢？认为我在做球鞋买卖？准备录个访谈节目？可是我只是想拿双袜子啊。

第二天，奥尔森教练生气极了，冲我大吼，这是矛盾爆发的导火索。那个摄影师、那些记者，他们在做自己的工作，他们只是想挣钱，而我不巧躺枪。他们在寻找可以报道的故事，而我又傻乎乎地给他们一个素材。那么现在教练可以抓住这个把柄，“看见了吗，他没有准备好！”然后整个球队的人都知道了。“安德烈？是啊，他很不错，但是他足够成熟吗？我们都听说他在上场前还打私人电话。”

这些杂音太刺耳，我不禁追问自己，为什么要承受这种压力？有什么意义？我在精进球技的同时，也承受着教练的斥责和经纪人的纠缠。我开始感觉很不自由，好像自己是别人的附属品。尽管我不是校园红人，也没有登上知名杂志封面，但大二这一年见证了我的上升期。陌生的学生偶尔也会走上前来说，“嘿，安德烈，请你在球队多打两年”。有一次，从来没有和我说过话的体育老师走到我跟前，好像老朋友似的问：“嘿，安德烈，听说你想离开球队。”我不明白我和他的关系，怎么可以突然熟到直呼其名呢？

过了一段时间，这种感受开始折磨我，很微妙，也很侮辱人。校园里的学生穿着印有我号码的球衣，每件卖四五十美元，但我仍然为学校打球，以此赚“学费、食宿费”。

我开始思考这一切的意义。我成长过程中最喜欢做的一件事是看“密歇根五虎”的录像带。人们习惯性地低估这5个年轻人对篮球比赛的影响，以及年轻球员在整个体系中是如何正视自己的。

我觉得朱万、贾伦、克里斯、吉米和雷可以代表我们这一代人。他们让黑人在大学篮球里占据了更重要的位置，使大学篮球市值达到10亿美元。在这个市场里，我们贡献着劳动力，但我们的肤色却不受欢迎。他们是对抗整个大环境的黑人力量，我们喜爱他们的处世风格、藐视一切和获得的非凡成功。对于那些排斥他们的声音，我们也同样欣赏——“他们打球不按常理出牌”，穿黑色袜子和松松垮垮的短裤打球是“不尊重比赛”，还说他们竟然胆敢相信自己。这可能是白人球迷的论调，但是我可以肯定地说，每一个失败的、挣扎的黑人球员都把这些评论当真了，不管他们来自塔拉哈西（佛罗里达州首府）还是纽黑文，弗吉尼亚州还是康普顿市。很多人天生就不喜欢看到黑人孩子感觉自己无所不能，好像这会威胁到他们一样。一旦黑人展现出不需要白人认同的姿态，各种各样的仇视、侮辱和威胁突然之间都会出现，常常用“尊重”和“传统”等一些词语进行伪装。但是在我们看来，以你自己的方式取得最大成功的力量至关重要。这种力量和白人的认同没有半毛钱关系。

那一年还有部电影《火爆教头》让我痴迷。没错，电影有点做作，但老实说，《火爆教头》对于19岁的我来说是一针强心剂。如果你还没看过，我来简单介绍一下剧情。这是一部由沙克·奥尼尔、“便士”哈达威和尼克·诺特主演的电影，很多篮球传奇人物在片中客串，如拉里·伯德、鲍比·奈特、杰瑞·塔卡尼安和里克·皮蒂诺。电影里有很多戏剧化情节，高速的真实比赛场景，两难的道德困境——这对痴迷篮球的19岁的我来说，这就足够了。故事围绕一个虚构的洛杉矶大学球队展开，这个球队正在经历着十分困难的时期。由诺特饰演的教练，在执教的第一个赛季失利后陷入困境。在一位擅长暗箱操作的赞助商鼓动下，他突破了自己的道德底线，暗地里给三名顶尖的高中毕业生塞钱，让他们承诺下个赛季进入自己的球队。最终，他得到了全国最强的新援，但负罪感一直缠绕着他。在新赛季第一场战胜印第安纳大学的比赛之后（电影中采用的是鲍比·奈特真实场边片段），教练承认自己作弊并辞职。电影是以尼克·诺特的经历为主线，但在我看来，电影的主线是大学招募球员。除了斯派克·李的《单挑》，这是那时我看到的唯一一部揭示大学球队肮脏一面的电影，也是唯一引起大家对付钱给大学生球员这一现象争论的电影。影片开头，一个赞助商向教练表达了一个观点，大学欠这些孩子钱。当然，故事的价值观是让人遵守规则，但是多年以来我慢慢注意到，那些喊遵守规则最大声的人，往往也是破坏规则的人。我从电影中感悟到的另一面，是从这些孩子身上看到了我自己，也对篮球有了更深层次的理解。

这部电影让我思考，大学篮球到底能赚多少钱。不仅是门票收入，还有电视转播、球衣、特许经营权。更不用说体育对大学招生、学费和品牌的附加值。我们每次面对摄像机都穿着印有学校标志的衣服，就差没直接印上学校名字了。学校也叫我帮忙招生，任务就是带那些高中生参观校园，说服他们来这里。所以，除了为大学打球、在市场部工作，我必须是招生部的员工？

这是我开始想提前离开大学球队的重要原因。我是这样想的，打个比方，我在一家公司工作，比如说谷歌，我是一名员工，已经完成了自己的工作，但后来发现凭一己之力可以获得事业晋升的机会。我当然想先试一下水，确保我做的决定是正确的。不过我内心有一种声音，只要有更好的合同，我便会考虑。你不会吗？

所以我把这个问题拆解开来。亚利桑那大学给了我什么？对，我受到了大学教育和其他附带的好处。对于我来说，我比球队里很多球员受到的教育更多。大学期间我是年度优秀学生，离校时我的平均学分绩点（GPA）是3.0。我真的有去上课，认真完成作业。

如果你不是走职业道路的运动员，教育的确有帮助。如果球员能受到良好的教育，绝对是一件非常好的事情。但当你看到那些知名人物，几百万美元的项目摆在面前，我们实话实说，这无关教育，而关乎体育，关乎招募球员进来，交易球员出去，以确保球队来年的竞争力。当你是这些球队的一员，你生活的全部只有篮球。你早起到训练馆跑步、撸铁，进行投篮训练，到处比赛。你身体付出的代价是巨大的，永远摆脱不了疲惫和伤病。每天睁开眼，就要面对无休止的训练、比赛和琢磨篮球。

当然，作为大学生，你应该承担学业压力，我并没有说兼顾学业和篮球不可能，我就做到了。不过那是因为，在进入大学之前我就是一名优等生，我认真完成高中学业，进入重点班。我做到了，因为我是这样的人，并不是因为学校重视成绩。即使我没有成绩，大学也会录取我，他们看重的，不是学生的身份，而是我有资格，并且没有违反录取规定。他们不在乎我是否接受过教育，大学体育并不关注这些。

被大学招募的球员，仅仅是因为他们的篮球技能。有些球员甚至一辈子都没在乎过学业和成绩。有一些队友的文化水平仅仅达到能认字的级别，我也见过一些球员的作业，全是“辅导老师”帮忙做的。他们不在乎，因为球队的目标并不是教育这群年轻人，而是借助他们卖票、卖货、推广品牌。作为进入大学的交换条件，这些球员需要付出自己的体力。

电影《火爆教头》里有一个场景，一群教练来到芝加哥的一所天主教学校招募由哈达威饰演的布奇·麦克雷。他们都在办公室等待游说由小路易斯·格赛特饰演的校长。当他在办公室出现后，见到这些为争抢麦克雷而来的教练们，就像开始主持拍卖奴隶。“麦克雷，你们想出多少钱？”他用讽刺的语气说。教练们交头接耳，“他很年轻，强壮又卖力，值得投资。我们谁先出价呢？”

从某种层面看，这就是我的感受。体育就是人们告诉你去用身体为他们赚钱的生意。在职业体育中，作为回报，你有薪水，在大学你却没有。为什么呢？大学也在赚钱。大学管理层会说他们为你提供了教育，但这些学生从来不认真上课，让辅导老师帮他们做作业。如果任由他们毕业之前就离开球队，那么大学就完全背离了最初的承诺，他们的真实目的只是为了让这些学生留下来打球。这样的话，学生换来的真能称得上是教育吗？

大学学费每年从2.5万美元到6.5万美元不等，不同学校有所差异。但最近一次，也就是去年的NCAA男子篮球联赛的总收入超过10亿美元。杜克大学的教练迈克·沙舍夫斯基的年薪是890万美元，南达科他州立大学的布莱恩·琼斯，据说是国内一级联赛中收入最低的教练，2017年的收入也达到109273美元。即使是最低的收入，也比大学平均学费高出很多，这还没算上奖金。体育部主任收入是7位数，教练收入是7位数，助理教练收入是6位数，电视转播挣几十亿美元。但是球员呢？他们榨干了体力，日复一日磨损膝盖和韧带，扮演着大家打开电视频道想看的角色，换来的是每年4万的学费？这还不是钱，而是所谓的“服务”。打个比方，你周围的员工都有六七位数的年薪，而你做着有生命危险的体力劳动，代表公司的门面，得到的却是价值4万美元的礼品券。

NCAA篮球联赛声称十分关心学生球员，却无法让这些球员有足够的钱养家糊口，而这些球员的家庭条件往往是不太好的。在有资格获得收入、进到职业队之前，每名篮球运动员至少义务劳动一年，橄榄球球员则是三年。但是像网球、棒球、高尔夫和曲棍球这些运动，运动员们随时可以走上职业道路。上述这些运动都是被白人垄断的，而篮球和橄榄球却不是，这只是一个巧合吗？

当你考虑到这些因素，那么贾伦·罗斯穿着黑色球袜上场就不是对比赛的不尊重了。

所以，综合来看，该如何选择就很明确了。NCAA篮球联赛就是一个骗局，蒙受损失的永远是球员。

从那时起，我看得更清楚了，也开始和经纪人在球馆外聊天。有些人说经纪人和球员谈话会影响比赛的纯洁性，我觉得这很虚伪。比赛从一开始就没有纯洁可言，只是球员往往在最后才知道。

出于尊重，我决定在转向职业球员之前告诉奥尔森教练。他邀请我去他家吃晚饭。场面很尴尬，我们之间从来没有除篮球之外的任何关系。我在他家里坐着。他家里的陈设非常奢华，与电影里富豪家里场景无异，我觉得自己随时可能会碰坏一个价值6万美元的花瓶。我们尴尬地闲聊着，时不时陷入令人不安的沉默。

他妻子显然看不下去了："安德烈，"她突然问道，"你会回来吗？"

"噢，这个……我不知道教练要不要我回来。"

奥尔森教练插了一句："我当然想让你回来，安德烈。"

这一刻让我很惊讶。一整年，教练从未说过这样的话，一直把"快点成长，还需要进步"挂在嘴上，根本没有正面的鼓励。现在，突然之间，我成了他的家人？

但是我转念一想，他之所以如此向我示好（尽管表达得很糟糕），是有原因的。他需要我。如果我真的去打职业联赛，他需要我经常回到他身边，他需要我和亚利桑那大学篮球保持联系，以此帮他招募球员。

我也需要他。篮球经理会问他关于我的问题，如果惹他不高兴，他一句话就能葬送我的前程，或者让我损失几百万美元。

我们坐在桌子旁，彼此不再是球员和教练，也不再是学生和导师。那时的我们是两个男人，一个19岁黑人和一个70岁白人，以平等的地位对话。

我摊牌了。我告诉他，我要继续往前走。我很感激他为我做的一切，但是进入职业联赛是我的一个终生梦想，我必须去争取。

他沉默了一会儿。"我尊重你的决定"，他说出了这句话。

在亚利桑那大学的时光匆匆逝去，感觉像从未发生过。带着体验新生活的希望，我来到这个校园。然而我很困惑，不自信，未准备好便被推入困境。我的篮球技术更全面了，但到最后，大学依然不是适合我的地方。如果想像成年人一样打球，也应该得到像成年人一样的薪酬。不管我是否准备好，我都已察觉到一些迹象，是时候继续前进了。

4

欢迎来到 NBA

我接触的第一个经纪人，就是之前在我走出体育馆时拦住我，说教练对我表里不一的那个人。从那以后，他和我一直保持着友好的关系，但并没有合作。对于那时的我来说，我需要联赛之外的另一种视角和不同于我自己的一些看法。他跟其他经纪人一样，让自己看起来很友善，随时为你效劳，但实际上，他只是把我当作一个潜在的客户。他的目的，就是让我感觉到自己的职业生涯不能没有他，从许多方面来说，他这招确实奏效了，我一度感觉最终和他签约的可能性，接近99%。尽管我对经纪人领域了解不多，但我知道，在允诺任何事情之前，最好详细调查一番。之前被大学招募的经历，让我知道接下来怎么做。我让那个经纪人知道我要做什么，我要去和其他的经纪人聊聊，这也是一个正常的流程。

“行，这挺好的，我理解。”他这么说。

“谢谢你，我只是想确认我在做正确的事情。最好的情况就是我和你签约，但我想先去看一看，多了解一些事情。”

“当然可以，我完全支持你的做法。”

“太好了。”

“对了…… 兄弟，你知道的，其他那些家伙都是混子，他们做不到我为你做的事情。”

“兄弟，放松点儿，我和你站在一边，别担心。”

“好吧，我们之间没有问题。”

“绝对没问题。”

“记住，别轻信那些从洛杉矶来的家伙，他们可能看上去很有能力，但手底下客户太多了，根本顾不上你的，你的名字排在名单最后面。而在我这里——”

“兄弟，我说过了，我了解你的。”

“行，祝你一切顺利。”

接下来我开始接触其他经纪人，其中包括一个芝加哥的团队。他们安排我飞到芝加哥和他们见面。那次行程他们真是煞费苦心，给我安排了机票和美味的晚餐，热切又殷勤。他们想让我看到他们团队为旗下的运动员配备了什么样的条件，并带着我游览这座城市。有一次，我们正坐在一辆豪华跑车的后座上聊天时，我的手机响了，收到一条短信。

“兄弟，一切还顺利吗？”

这条信息是那个我告诉他“放松点”的经纪人发来的。

“挺好的，兄弟。”我希望这样的答复可以终止对话。

“酷，既然你都到市区了，那就来我办公室坐坐吧。”

“不了，兄弟。听着，我真的很想用正确的方法去处理这件事，特别是我在过去几个月里经历了那么多之后。我不想不尊重任何人，或者瞒着别人做事。”

“好的，好的，我尊重你的想法。”

一分钟后，我收到了另一条信息：“今晚我会去一趟你的酒店。”

这个家伙不会轻易放手的，接着他又告诉我：我正在会面的这些人，也就是和我一起坐在车里的人是怎么样的。他说他们烂透了，嘱咐我绝对不要相信他们。

他的话让我有点生气。我满不在乎地大声念出来：“兄弟，那些人总是让人感到厌恶。”

这时，车里的经纪人都知道谁在给我发短信了，接着他们开始狂喷他。整件事让我抓狂，我从来都对不知深浅的人没有好感，如果他想要通过花言巧语逼我做出决定，那可就找错人了。通常来说，一个人越不知深浅，越讲他人的坏话来拔高自己，我就会越不信任他。这种小伎俩对我来说不太奏效。尽管我知道，做出离开学校的决定是正确的，但还是使我承受了很大的压力。校园外面的世界似乎充满了狡诈和欺骗，我确实不知道该相信谁。

我见的最后一个经纪人是洛杉矶的罗勃·佩林卡。那次会面中，我们一直在打乒乓球。是的，这就是我们在干的事，打乒乓球，不是谈论商务项目，也不是谈论篮球、体育品牌或者其他经纪公司。他没有告诉我要从我身上怎么赚钱，没有说他的计划。他只是询问我的近况，然后说说他的生活。在那段寻找经纪人的日子里，这是我第一次感到很放松，不需要去伪装自己或者藏着掖着。佩林卡把我当成普通朋友，而不是一棵摇钱树。

在物欲横流的体育界，这事听起来实在反常，许多人难以置信，毕竟运动员收入不菲。但是，钱不能改变事物的本质，只能让事情变得更糟。金钱会让外界改变对你的看法，觉得你像一件商品。你拿自己的身体冒险，没有谁的身体是可以经受得住 82 场比赛摧残的。你会受伤，然后注射一剂止痛药，继续回到场上。有人说过，我是一个“铁打的球员”，这本应该是好事。有一次，我在比赛中摔断手臂，然后站了起来，缠了几圈绷带，又回去继续打球。教练们喊着“牛 ×，你硬汉啊！”但说实话，我真是傻透了，居然用断臂打球。在比赛中，人们为你欢呼，甚至渴望进入你的大脑，了解你在想些什么。当你是一颗冉冉升起的新星时，类似的情况会一再发生。

所以，和佩林卡一起打乒乓球，让我觉得还有人把我当成一个人而不是一件商品，这确实很舒服。那天晚上我睡得比前几个月的任何一晚都香。之后再见到佩林卡，我告诉他，我想和他签约，事情就这么定了。

“太棒了，现在让我们看看计划吧。”佩林卡说。

佩林卡发现有几支球队不太喜欢我，其中一支是因为之前的那次电话事件，另有一支则因为他们的球探看到我在大学第一年的训练中给奥尔森教练摆臭脸。佩林卡打算修复我和那几支球队的关系，准备先从奥尔森教练那里开始。

我们安排了一次和教练的会面，这是我第一次目睹佩林卡是如何开展工作的。他对于教练想听什么、如何提升我的品牌价值，以及NBA球队管理层对我的看法等方面，都有准确的判断。

“教练，我们想对你为安德烈所做的事由衷地表示感谢，如果没有你的培养，我们不会坐在这里。今后不管你需要什么样的帮助，请告诉我们。安德烈一辈子属于亚利桑那，往后的每年我们都会回到这里，如果你的训练营和招生有需要，我们一定会全力支持。没有什么比一个亚利桑那大学毕业生成为NBA球员，更适合作为招生广告了。”

这个方法奏效了。每个给教练打电话咨询我情况的球队总经理、球探、助教，都只能从他那里听到对我的良好评价。“安德烈是一名很勤奋的球员，我们之间没有任何问题。他同时也是一位出色的队友，在这里兢兢业业地打球。”那次佩林卡和奥尔森见面真是帮了我大忙，因为如果没有他们那次会面，结果很可能会完全不同。“安德烈虽然是一位好球员，但是他有时会有点难相处。我给你举几个例子……”教练的一句话就能说出几百万美元的差距。

我开始在芝加哥训练，为之后参加球队试训做准备。佩林卡安排了一些球员陪我，他们都是充满激情的NBA现役球员。这批人当中最有名的，当属正处于生涯巅峰期的锋线球员科里·马盖蒂。他的身高达到1米98，正在为快船队效力。大多数球迷对于马盖蒂印象最深的事，是他擅长制造犯规，在这项技能上，他一直是联盟中出类拔萃的。他的队友都称他为“战斗狂人”，因为大家都知道，他在训练时当中常常表现得像一个斗士。他训练时非常自律，饮食习惯像个修道士一样。作为刚从大学出来的小孩，无论身体还是心理层面，我对这种为延长职业生涯而保持体型的自律习惯一无所知。那时我所知道的，就是不停地撸铁和跑步。马盖蒂在食谱和补养方面特别专业，他会关注自己的心率，严格计算营养摄入成分。在这方面他不仅像科学家那样严谨，还不断突破身体极限，比我看到过的任何人都要厉害。不停地短距离冲刺，更多的负重训练和投篮练习，一项接着一项。之前我还没看过有人可以这样，他的训练方式改变了我对于自己的身体和篮球哲学的认知。

在那之后，我回到亚利桑那大学待了三周，完成了学校的课程，收拾一下东西。重返校园的感觉有些奇怪，使我感到事情发展的速度太快。在我第一年踏入大学校园时，我真觉得自己会有大把时间做个普通的男孩，做个大学篮球运动员，时不时参加派对，或在校园里和朋友们插科打诨。我记得有一次，我穿片纸尿裤参加化装舞会，大家都觉得非常有趣。但到了第二年，随着球探和经纪人的介入，我和奥尔森教练的关系日趋冷淡，也开始遭到媒体抨击。最重要的是，我逐渐意识到，大学篮球比赛对于我们这些业余球员很不公平，这些事迫使我迈出这一步。我已经准备孤军奋战，也十分期待接下来的生活。但在那次重回校园的短暂时间里，我很羡慕其他同学可以让自己的青春走得慢一些。学生们骑着自行车，或是穿着拖鞋短裤坐在草地上，没有烧脑闹心的事，艰难的选择无非就是琢磨饭后一小时去哪里。似乎发生的一切对我来说都太快了，但既然发生了，就顺其自然吧。没有时间追忆过往，所以我决定不再留恋校园时光。

下一步，就是去芝加哥和格洛弗一起训练。他以“迈克尔·乔丹训练师”闻名。如果你对于选秀非常上心，那么他就是那个你必须要见的家伙。说他很有名可能不太准确，在美国，格洛弗是公认的最严训练师。经纪人佩林卡借给我一笔钱，之后我用了6年才全部还清，没有任何利息。我在芝加哥市中心租了一间小套的公寓，从那时开始，我的工作就是吃饭、睡觉，还有练球。

星期一早上6点，我第一次和格洛弗训练。我有信心做到他要求的任何事，尽管早上6点有些早，但我依然准时到达。格洛弗看起来确实和想象中的训练师差不多，穿着和那种周末会带孩子外出运动的公司高管一样，一身利落的运动服套装，还把短袖塞到短裤里。任何时候，如果一个带你训练的家伙把短袖塞到了短裤中，也就意味着他将会带你进行地狱般的训练——记住我说的话。我做了几个深呼吸，然后开始训练。

第一个训练项目看似非常简单，绕着半场跑，接着是急停跳投和其他投篮训练，就这些。直到今天我都不知道怎么回事——他那天给我设定的训练强度和模式确实让我感觉到，在第一个训练项目进行到一半时，我已经快要练吐了。我就像一个想要尽力跟上成年人节奏的5岁小孩，双腿瘫软，手臂无力。在那之前，或者以后，我从来没有怀疑过我要成为职业球员的决心，但在那一刻，早上6点15分，在芝加哥那座冷酷的球馆里，我确实动摇了。可我知道，不管我多么想放弃，也绝不能这么做。那是我人生中的标志性时刻。仿佛身体里的每个细胞都在劝我，放弃这条路吧，但是脑海中的声音却在跟我说，必须坚持下去，别无选择。在我的内心深处，必须找到这股力量。

我尽力掩饰自己是多么的挣扎，但是格洛弗一眼看出来了。

“比看起来要难很多，对吧？”

“不会，我感觉很好。”我几乎说不出话了。

他没有再说什么。

我不断强迫自己动起来，终于撑到训练结束。似乎训练了很久很久，但实际上可能不超过 5 分钟。我双手撑着膝盖，汗如雨下，然后走到他面前。

“很好，现在让我们正式开始。”他说道。

我不知道和格洛弗训练的第一天是怎么熬过来的。整座球馆就只剩下身心俱疲的我，我不断地提醒自己，只要步入正轨，一切问题就都迎刃而解，包括那些乱七八糟的琐事。

当完全适应训练强度之后，我仿佛变得无所不能。那时，我并不知道怎么形容这种感觉，但我能切实感受到如何去用精神控制身体。

顺利通过第一天的训练，我感觉就像赢了一场不可思议的胜仗。第二天，当我踏进球馆的那一刻，心中没有丝毫犹豫。

那些日子，我一个人住在芝加哥，每日和篮球作伴。我步行可达格洛弗的训练馆，所以我的世界变得非常小，但我很享受。之前疲于应付那些烦人的经纪人、古怪的教练和狡诈的媒体记者，现在，终于可以得到片刻宁静，静下心来。起床，步行去球馆，训练，吃饭，再走回来，吃饭，上床睡觉……我希望生活能一直像这样简单就好。

我第一次试训的球队，是芝加哥公牛队。他们只安排了我和来自苏丹的杜克大学的球员罗尔·邓两位球员。罗尔·邓四肢修长，速度很快，有点瘦但是打球很强硬。那时有许多从非洲来的球员，给人感觉球风偏软，适应不了美国篮球的对抗，但在罗尔·邓的身上，我丝毫看不到非洲球员的弱点。

我感觉自己的第一次试训表现不错，有冲劲，反应敏锐，总之对过程感到满意。但之后，他们又对我们做心理评估，全是笔试。前面是多选题，最后是几道关于性格的主观题。我不知道这种评估是否准确，但他们似乎非常重视这道程序。

试训结束后，我和总经理还有几名球队工作人员一起坐在办公室。

“安德烈，你试训表现得很棒，但是我们想知道……嗯，你容易被什么事干扰？有什么人或事能让你忍受不了，使你暴跳如雷？”

“嗯，我只想努力打球，我想自己不会变得……额，暴怒？”

“所以你不会在球场上发火？”

“不会，我只会……我只想努力打球，把注意力放在赢球上。我猜如果比赛输了，我才会发火。”

“安德烈，你之前抽过大麻吗？”

“没有，碰都没碰过。”

这是真事。

“安德烈，如果你抽过大麻，可以告诉我们。每个人都至少尝试过一次，我们都抽过，所以不是什么大不了的事。”

“没有，我确实没抽过大麻。我对大麻一无所知。如果你把那些东西放在我面前，我都不知道怎么抽，我甚至不知道怎么使用打火机。”

“安德烈，你应该对我们诚实一些。你可能有点紧张，我们理解，但你不必如此，许多人都抽过的。如果你遇到过此类麻烦，我们很乐意去帮你解决，但你不要藏着掖着。”

“老兄，我真没抽过大麻。”

他们随即改变策略。

“听着，我们认为你是一个很优秀的球员，也猜测你可能抽大麻。但我们更想知道……你是否足够有勇气承认。”

“你们看到了我训练成果，为此我付出了一切。你们也看过我所有比赛的录像带，所以我不知道还有什么需要解释的。”

“好的，好的，安德烈，谢谢你。”

这就是全部经过，一次非常奇怪的交流，让我感到沮丧。我觉得他们想从我这里知道一些特别的事，但并没听到。

我又去其他几支球队试训，之后公牛队通知我第二次试训。我这次并没有其他球员一起，而是独自前往。试训中，他们似乎要折磨死我，全场不停地冲刺，然后是跳跃，爬行，再短距离冲刺……各种“自杀”式训练。他们想击垮我，看我是否会放弃，但我都挺了过来，又一次出色地完成了试训，随后和他们坐在办公室里交流。

这次他们选择直奔主题。

“我们看好你，也认为你很优秀，但我们还是不知道你……是否足够有勇气对面自己的过去，我们想看到这些。主要想知道你是否有……杀手的气质。”

“你具体指什么？”我问。

“我们了解了你的高中经历，你是一个很优秀的学生。你在学校的成绩不错，按时完成学校交办的任务。如果你是我儿子，我会觉得自己是完美的父亲，教出这么出色的孩子，简直要开心死了。但是在NBA这个联盟里，竞争激烈程度就像是在互相拼个你死我活。我们想知道你是否能成为杀手。”

我要如何在一屋子的白人面前，证明自己具有杀手气质？拿一把短刀刺向办公室里的人？

“我不知道自己有没有，我只会用场上的行动证明。”

最终，他们选择了罗尔·邓，还有一个从纽约弗农山来的后卫本·戈登。他们都是很棒的球员，职业生涯非常成功。

另一支球队则在我身上发现了他们想要的东西。于是，接下来的8年，我和这座城市捆绑在一起。

它就是费城。

我们从一开始就很顺利，在选秀前我和 76 人管理层见了一面，过程简单直接。他们的首轮顺位相对靠后，是第 9 顺位，所以并不确定是否能选到我。他们很直接地告诉我，“如果到时你还在，我们就会选你”。这可真够直截了当的。和他们的谈话没有给我一种被审问的感觉，也许是因为，他们也不确定是否有机会选中我。谈话都是一些很基础的内容，如介绍球队的目标，如果我加入球队，想要我做什么，最后就是希望能选中我。

感觉很棒，这意味着如果我去了费城，不会背负太多压力。要是在选秀大会上顺位太高，球队和球迷就会把你当成救世主，对你有太多期待。去一支烂队当球星，似乎从第一次出场开始，就要单枪匹马地完成整座城市的使命。这对球员来说实在是太难了，对球队也是。手握状元或者榜眼签，会让球队管理层手忙脚乱。他们不得不去认真评估球员，从心理层面到成长背景，等等。手握高顺位选秀权时，管理层必须要让自己的选择正确无误，不然球迷就会指责他们，球队老板会怪罪他们，接着这些人就会丢掉工作。高顺位伴随着许多压力，但是 76 人手握第 9 顺位，他们要做的仅是选择天赋好的球员。如果失败了，球队可以通过交易或者别的方式弥补，没有人会责怪他们。

但是也有人给我一些提醒。我一个很要好的朋友是费城人，当我被 76 人队选中后，他告诉我，“跟你说，费城这个地方有些不太一样，媒体都比较疯狂，有点难对付”。我虽然明白他说的意思，却不怎么在意。我在亚利桑那州上大学，那里的媒体多多少少还是站在球员这边的。高中的时候，我几乎没怎么听到来自媒体的批评。我记住了朋友说的话，但没往心里去，直到后来，我真正理解那绝对不是危言耸听。

许多人都觉得，选秀大会那天将会是我毕生难忘的夜晚，但实际上，现场跟马戏团表演的舞台一样喧闹，我根本来不及判断身边到底发生了什么。在我的记忆中，那晚变得很模糊，只剩一种混杂着担心害怕和激动的感觉。我试着让自己淡定下来，因为太过担心或激动都帮不了我。20 岁的我，几周前才离开大学校园，几个月前还觉得自己将会在大学里打 4 年篮球，现在却身处麦迪逊广场花园，一时难以接受。我感到自己的手在发抖，身体逐渐变得僵硬。我吃了点东西，味同嚼蜡。

我当然会被选中，为什么还要担心呢？因为那是个令人铭记的时刻，感觉如此特别，担心是一个人正常的反应。无数教练、NBA 官员和媒体工作者，走马灯似的出现，四周围绕着现场技术人员和大会服务员。我身旁是亲朋好友、爱人和兄弟姐妹们，他们都在期待叫到我名字的那一刻。我和其他的新秀在大厅里等候，有些人已经感觉手脚无处安放了。

直到摄影机对着某人的桌子，我们就会明白，这个家伙被选中了。突然间，我看到大家都向我走过来，这次肯定轮到我了。我直直地站起身，整理一下领带，准备好迎接我光明的未来。但是，我误会了，大家走过来祝贺的是另一个家伙，他与我邻桌——来自杨百翰大学的球员拉菲尔·阿劳约。

几分钟后，大家又朝我走过来，我被领到舞台一侧的候场区。从那里，我可以看到台下坐了多少观众，乌压压的一片，着实壮观。然后我的耳边响起终生梦想得以实现的那句话。“NBA 选秀大会第 9 顺位，费城 76 人队选择的是…… 安德烈 · 伊戈达拉，来自亚利桑那大学。”

我随即走上舞台，眼睛被一阵闪光灯闪得快瞎了。我和大卫 · 斯特恩握手，领到一顶属于我的 76 人帽子。从那一刻开始，我的生活改变了，我说的是认真的。很快，我被拉去开新闻发布会，一等就是两小时，我都来不及见我的家人和朋友。突然间，新世界的大门被撞开，涌入无数记者、球迷和官员们。我从一个犄角旮旯里，一下子被推到这个庞大机构的漩涡中，身边站着一个团队，我们一起成为 NBA 历史的一部分。我从一个只想顾好自己的普通人，一举成为一座城市的希望。第二天，我被送到费城，在那里他们又为我召开了新闻发布会，我第一次配合球队做了专访，嘴里全程嚼着口香糖。没有人告诉我这样做有什么不对，直到助教莱斯特 · 康纳走过来，把我拉到一边，提醒我不要嚼口香糖，我才意识到自己对于应付媒体采访知之甚少。

喧闹过后，我发觉自己并没打算肩负费城球迷所有的期待。我给自己的定位，从来都不是一支球队的招牌球员，而是一块对胜利充满渴望的球队拼图。我之所以这么想，还因为 76 人已经有了阿伦 · 艾弗森。上个赛季的 76 人和艾弗森打得不是很好，但他依然是这座城市的希望。他把整支球队扛在肩上，不管球队失败或者胜利，他都义不容辞，这一点我后来才逐渐感同身受。开始的时候，我没有期望自己成为球队的首发球员，他们在小前锋位置上已经有了格伦·罗宾逊，上赛季他打得不错。

因为东海岸城市不怎么苛求球员，我身上的压力自然小很多。众所周知，大部分体育媒体都位于东海岸一侧，对他们来说，接触东部球员更容易。我们西边的大学通常在晚上7点开始打比赛，那时已经是东部晚上10点了，体育记者们的睡意逐渐袭来——没有人会熬到凌晨1点看你打完比赛。你耳边听到的都是关于大西洋海岸联盟、东北部大学联盟、太平洋十二校联盟的消息，所以身处西部，你会觉得自己有点像局外人。在纽约，没有人有闲心关注亚利桑那州图森市的球员。亚利桑那州喜欢篮球的人会知道我，但对于大多数球迷来说，安德烈·伊戈达拉远没有红到家喻户晓的程度。这是好事，我身上没有什么传奇色彩，也不背负太多人的期待。

抱着这个想法，我抵达了位于北卡罗来纳州的训练营，我们在杜克大学的卡梅伦室内馆训练。回到一座大学场馆训练，确实让我倍感亲切。我知道自己在场上做什么，努力打球，认真防守，同时让自己放松。我熟知比赛规则，要做的就是合理利用它们。

队内比赛中，我面对的正是球队首发小前锋罗宾逊，他绰号“大狗”，是普渡大学20世纪90年代的风云人物。我还记得自己小时候看他打球，那时的他真是头野兽。他很高大，肌肉结实，说话却慢条斯理，像从南方来的老爷子。他身体特别强壮，篮下终结能力突出，对比赛有很好的感觉。在他面前，我始终保持谦逊，他对我也非常好。许多球员都会欺负新秀，特别是当新秀跟他们打同一个位置时，有时甚至会欺负得更狠。但是“大狗”从来不这样，他总是心平气和的，和美国中西部人有几分相近，跟我很像。在训练营那段时间，他对我非常好。

跟他对位时，我尽可能向他学习。他打球非常棒，还很聪明。他的一些动作，甚至会让我想到亚利桑那州的卢克·沃顿。他会用一些小动作让我打得很难受，比如贴身设置一个挡拆，当我想摆脱时，他知道如何利用自己硕大的臀部阻挡我。我深切体会到，老将的打球方式和新秀有天壤之别。他们在场上看似慢吞吞的，实则作用巨大。我也想效仿他们。

罗宾逊随时能得分，但随着时间推移，我发现自己在得分方面与他不遑多让。防守他时，我积极的态度让教练组和队友们意识到，或许我可以改变这支球队。在进攻端，我不会成为球队的累赘，我猜教练们也看出来了。这一点很重要，意味着对手无法忽视我去包夹阿伦·艾弗森。我拥有一定的进攻能力，再加上防守技术好，使我马上就能为球队做出贡献。团队防守需要注意力高度集中，但单防则除专注外，还需要个人的投入。我对投入有自己的理解，而且那时我还在学习罗宾逊内外线的比赛技术。

小时候，和我哥哥的对抗让我很早就知道该如何防守。你知道他在场上是怎样的球风吗？凶残。防守他这么多年，也迫使我在防守端变得极具侵略性和迅捷度。同时，我也渴望让自己在场上和其他孩子不一样，不管是初高中还是大学，抑或是社交场合，我总是对胜利充满渴望。在任何事上，我都力争做到最好。如果大家一起冲刺，我要力争第一。谁的得分最高，谁的篮板最多？如果你问我，那必须是我。我还想成为一个顶级防守人，你知道，这个世界充满竞争，不容我有任何闪失。

所以在我的成长过程中，斯科特·皮蓬一直是我最喜欢的球员。我当然也喜欢迈克尔·乔丹，但皮蓬才是我最关注的人。他之所以无所不能，靠的就是勤奋和努力。虽然鲜有高光时刻，但他可以在场上面面俱到。他拥有强大的自信，这份自信源于他知道自己比在场所有人都要更努力。很多时候，我会在比赛中模仿皮蓬和“便士”哈达威，特别是高中那些年，我身高虽然比同龄人高，但常常在场上持球进攻，旁边人就会大喊“皮蓬来了”。我不介意他们拿我和皮蓬比较。我跟其他人一样，都爱看乔丹打球，但是皮蓬才是我的偶像。

训练营快结束的时候，主教练吉姆·奥布莱恩把我叫过去说：“安德烈，我们决定让你打首发。”我简直不敢相信自己的耳朵。他看着本子，几乎都没抬头，但这句话对我来说价值千金。我故作镇定地说了句，“行，那我就上吧”。

关于NBA，当时我就知道这么多了。接下来知道的，就是罗宾逊离开了球队。我来到这支球队，不是来抢他饭碗的，我只想好好打球。罗宾逊对我一直很好，从来没有对我产生敌意，无私地与我分享一切。这种感觉太奇怪了，一个20岁小孩刚来到队里，一个老将就丢掉工作，我那时根本高兴不起来。对于罗宾逊来说，情况很糟糕，就像教练在对他说，“我们不再需要你了”。有人告诉他，“你可以去跟其他队接触，或者等到来年二月我们把你买断。”

之后发生的事情更加令人难以接受。我们回到费城，在一所医学院里面训练，健身器材很少，跟其他球队根本比不了。一次训练时，我正准备下楼去更衣室，就看到“大狗”罗宾逊独自在那边练力量。他已经不再是球队的一员了，我不确定是否要过去跟他打招呼，内心很矛盾。我不明白球队为什么不能让他打替补，而是逼他离队。之后几天我们还能在健身房看到他，差不多过了一周，罗宾逊就彻底离开了。那时我意识到职场是如此的残酷。

2004 年 11 月 3 日，在波士顿北岸花园球馆，我迎来了自己的首场常规赛。许多人会说，在如此神圣的一个场馆打球，听到现场 DJ 介绍你出场，会感到非常震撼。但其实我并没想那么多，只是不断提醒自己是来打球的，把注意力集中在比赛上就好。这一刻终于到来，我准备好了。我花了整个夏天和格洛弗一起训练，使身体保持在最佳状态。而且，在踏上波士顿的球场前，我已经跟一群 NBA 球员合练好几个月了。

那晚我的对手是保罗 · 皮尔斯。我以前就是皮尔斯的球迷，跟他对位，能够近距离观察这个球场上的天才，让我更加欣赏他。皮尔斯闪转腾挪，步法莫测，我根本不可能预判他下一步做什么。显而易见，是无数个日夜的训练才造就了场上的他，我对他只有尊敬。

那一晚，皮尔斯没怎么跟我说话，我也不想让他能轻松过关。

所以在大部分时间里，我干脆保持沉默。但实际上，皮尔斯堪称联盟历史上有名的垃圾话大师。如果你和他针尖对麦芒地决斗，他可能不会怎么开口。我和他在职业生涯中多次交手都是硬碰硬，互不相让。但如果你实力不行，还喜欢大吼大叫，皮尔斯就会好好教教你怎么做人。收拾一些喜欢鸣鸣渣渣的年轻球员，皮尔斯乐此不疲。因为那些球员希望能通过垃圾话壮胆，就像我之前说的那样，世界充满了竞争，有一些能让你勇往直前的办法，试试无妨。有时候，对方一个年轻替补球员会在上场后突然对皮尔斯喷些垃圾话。这时候皮尔斯却沉默以对，不回应，不反击，至少开始是这样。他在等待一个时机，等所有人都站在罚球线两侧，四周逐渐安静下来，静到可以听到第三排观众席有个家伙喝啤酒的声音。然后，皮尔斯深吸一口气，大声喊道："听着，兄弟，如果你的年薪还不到一千万，就他妈的给我闭嘴，别说话。"这个小伙子瞬间就蒙圈了，就连队友都会忍不住大笑，朝他摇摇头。

我在第一场常规赛里干得不错。我们队最后以两分险胜。就我的个人表现而言，前两次出手都投进了，还投进一个三分球。场上可能没有人指望我能投三分，但是随着我早早进入比赛状态，一切就自然而然地发生了。我充满了对胜利的渴望，一心想证明自己属于这里。在内心深处，我知道自己不会是 NBA 的过客，更不会是那种在十年后的烤肉聚会上，向众人吹嘘自己曾经在 NBA 打过几场球的家伙。

我的 NBA 生涯才刚刚开始。不论是球迷的喧闹、来自波士顿北岸花园和保罗·皮尔斯的压力，还是我的名字在比赛中被报出，等等，那晚对我来说，就像一场商业活动。

菜鸟赛季，我每天晚上都要面对不同的球员，对我来说他们全都是新面孔。这就是我第一个赛季大多数时候的感觉。记得我第一次面对沙克·奥尼尔或者姚明，内心充满敬畏，那种感觉很奇妙。我印象最深的球员是理查德·汉密尔顿，他还在康涅狄格大学打球的时候，我就是他的忠实球迷了。从某些方面来说，我关注大学篮球比关注 NBA 还要多。当理查德·汉密尔顿和他的康涅狄格大学爱斯基摩犬队夺得冠军时，我简直对他佩服得五体投地。所以，当那个赛季我们对阵活塞队时，我表现得有点像追星族。

我跑去对阿伦·艾弗森说："嘿，他就是汉密尔顿，球打得真好。"

艾弗森回应："是啊，大家还没有领教到他有多强。他毫无疑问是全明星球员。"艾弗森停顿一下，盯着我接着说，"但是他和你一样，都得靠氧气活着。"

如果你开始疯狂崇拜某个人，艾弗森就会说这种话。他会跟你开玩笑说："他和你一样，都得靠氧气活着。"这就是他看待别人的方式。你可以尊重对手，但别过于崇拜。"你是一个杀手，他们也是，上场，干掉他们。"艾弗森会这么说。我就是目睹他这样做的，他能驾驭自己的情绪。当他走上场，只有一个目标——做到最好。没有人能比他做得更好，连接近都不行。每天晚上他都是如此。

艾弗森很有名，影响力很大，但是从来没有人能抵达他的高度。我还没见过有人可以像他那样打球不要命的，那种打球方式，世界上没几个人能做得到。科比打球像刺客，灵巧躲闪，乔丹和詹姆斯则天赋异禀，同时目标坚定。但是艾弗森就是一个发动机，燃烧自己的意志力。和他有过相似经历的人，才会像他一样对胜利充满渴望。对他来说，比赛不只是普通的竞争，他的内心非常纯粹，只剩下渴望和不甘屈服的勇敢之心。

艾弗森也被认为打球有些自私，但我看到的是，他会有选择的信任谁。有时候他会对比赛有种控制欲，那是随性而为，但不容易被外人接受。在他看来，教练的战术或者计划都不在考虑范围内，只要他上场，就得由他说了算。他如果不信任你，你连球都摸不到。所以，在他身边打球的人压力很大，除非你打得好，不然他就会认为传给你还不如自己投。他很快就能判断出有没有必要相信你。

从和他成为队友开始，只要闲下来，我就会试着了解他。我想多了解一点他的为人，他有哪些经历。我经常看一本拉里·普拉特的《强者生存》，后来艾弗森在入选名人堂时说的话，就和书里想表达的意思一样。他小时候家里遍地老鼠、蟑螂，污水管早就锈迹斑斑，屎尿四溢。的确，这家伙幼年时的生活非常苦，甚至直面过死亡，所以他不是你可以在球场上肆意欺负的那种人，他根本不怕这些。

但大多数人可能不知道，艾弗森非常聪明，思维敏捷且多才多艺。他还是一个漫画家，可以给人画肖像，有时仅凭记忆就能画出来。他还会夸张地把你额头画得鼓鼓的，或者嘴唇画得很厚。

艾弗森总有办法让大家开心。他还会玩说唱，我指的是真的说唱。我知道许多人认为自己是说唱圈的个中高手，但艾弗森确实可以张口就来，一句接着一句。他会在说唱进行到一半时，突然转换到乡村风格的歌曲，整个大巴里的球员便会一起跟着唱，于是他索性组织大家合唱。他的脑袋里从来不缺笑话，没有人能比他更风趣。对了，他还能把橄榄球扔到64米开外，我亲眼见过他这么做。

艾弗森浑身上下充满了某种能量，同时也带有一些独特魅力，使接触过他的人都能够喜欢上他。在生活中，他就是有这种天赋。看过他在球场上做得那些疯狂之事后，我真正见识到了他的个人魅力，这就像是上帝额外赋予他的礼物一样。

我和球队教练吉姆相处得不错，他向来有一说一，以自己的方式做事。对于比赛，他有自己的一套原则和哲学理念，但他的要求有时令人难以捉摸。总体来说，他的执教风格很不错，特别对于像我这样的菜鸟而言，他能让我加深对比赛的理解。有些时候，教练们让球员充分发挥，这是好事，但有时同样会让我们手足无措，不知道自己做得对不对，就算错了，也不知道自己错在哪里。对于年轻球员来说，这样的情况确实很难处理。但是吉姆正好相反，他的思路很清晰，知道每个回合球员应该怎么打。如果你搞砸了，也一定能知道自己错在哪里，是怎么搞砸的。

吉姆是我见过的第一个对数据如此痴迷的教练，简直比联盟里任何教练都要痴迷。他熟知各种阵容组合里球员的效率值，还会花大量时间研究基础数据和高阶数据。这样的做法让人印象深刻，有时候会起到很大的帮助，但有时他对数据的偏执也会给我们带来困扰。有人给他起了个外号“左脑怪”，因为似乎他只需半边大脑思考就能做出决定。

常规赛季还剩三分之一左右结束时，我们来到多伦多猛龙队的主场。吉姆教练基于他对数据的研究，在防守端布置了一个战术。显然，球场就那么大，我们不可能防得滴水不漏，所以他跟我们明确表示，放弃防守侧翼三分。底角三分可以适当防，靠上靠外一点，距离篮筐大概 7.3 米远的位置，对方很难投中三分。他经过认真的数据分析，得出在这个位置对方最难投中，同时这也将是我们赢下比赛的关键。在第一节的 7 分钟内，我们按部就班地打。直到猛龙替补球员唐耶尔 · 马绍尔上场，场上局势开始发生变化。那时的马绍尔有点像雇佣兵，他混迹 NBA 十余载，换过的东家我都数不清。

马绍尔从来都不是一个真正的射手 —— 职业生涯三分命中率在 35% 左右。吉姆教练深知这一点，所以要求我们没有必要贴防。

事实证明，我们错了。

马绍尔和对方的教练组已经发现了我们的防守漏洞，几分钟的试探过后，他在侧翼位置投中了一个三分，半分钟后，又投中一个。我记得队里的某个人 —— 不知道具体是谁，可能是迈克尔 · 布拉德利吧，意识到马绍尔又被放空了，在那边大喊“搞什么鬼！？”几秒钟过后，我再次听到有人这么喊。接着，马绍尔在几乎相同的位置，投中了他本场的第三记三分。到此为止，吉姆教练的战术明显已经失败了，马绍尔凭一己之力迫使我们不得不做出调整。但我们的教练并没有这么做，对数据的偏执让他坚持执行自己的战术。没有时间调整战术，教练只是不断告诉我们，“接下来会奏效的”。他觉得马绍尔只是一时有了手感，很快就会回到平常状态的。

我感觉就算马绍尔回到平常状态，至少也不在那个晚上。就在那个我们不设防的位置，他不断得手。当比赛结束，马绍尔居然投中 12 记三分球，也正是从那晚开始，这项纪录 11 年内无人可以撼动，直到被我现在的队友库里打破。那天晚上，我们队的球员简直气疯了，我们不想以那样的方式被击败，不过我能理解教练的意图。那只是一次数据上的失算，大多数时候，吉姆教练基于数据的防守理念都远远高于联盟平均水平。对我来说，他是我在 NBA 遇到的第一个非常优秀的老师。

职业生涯早期，我努力从联盟老将身上多学些本领。我们队就有几个很优秀的老将，如阿隆 · 麦基和凯文 · 奥利，他们并不是天赋异禀的球员，但也在联盟里征战了十来年。值得我学习的人还有科里斯 · 威廉姆森，他以前在底特律活塞队打球，偶尔会给我晒晒总冠军戒指 —— 真是难以置信的大。我只要想到那枚戒指，全身便会热血沸腾。

我从一些人身上学到如何坚持正直坦荡，另一些人也会帮我认识到，有些事是不能做的。记得有一次，我和一个队友赛后外出时碰到一位球迷。关于球迷疯狂的事我能写一整章，尽管有时球迷很不好对付，但我仍然很感谢他们的支持。球员会遇到很多“骨肉皮”（特指一群追求和明星发生关系的人），女人会主动接近我们，但大多数时候还是男球迷比较多。那天晚上，大概凌晨1点左右，我们被一个球迷拦下合影。我的队友说：“你为什么要跟我们合影？那里有那么多女人，你干吗不去和她们合影？”当时我觉得他说得太过了，没有必要这样。那个球迷就是想表达对我们球队的支持而已。我暗暗发誓，自己绝对不能对球迷那样。直到今天，我也没有那么粗暴地对待过球迷。但我必须承认，随着时间流逝，我也一度卷入到媒体的漩涡当中……我不太赞同当年那位队友的做法，但现在我更能理解他了。

第一个赛季就这么结束了，有太多的事情需要总结和调整。我们最终以东部第七的成绩闯进季后赛。面对底特律活塞队，拿下一场胜利后，还是回家钓鱼了。对于球队来说，这个赛季谈不上成功，但对于我自己而言，打得还不错，足够专注。总决赛结束前，我又回到球馆训练。

不管战绩如何，我依然享受和这帮队友一起打球的经历。阿隆·麦基绝对是我最喜欢的队友了，刚到球队时，我还在熟悉队友，顺便观察他们是怎样的性格。阿隆·麦基立马就引起我的注意，他穿着得体，对时尚有着莫名的自信。他经常穿普拉达休闲鞋，鞋底不是很硬，看起来很时尚，而且有点运动风格。我总是觉得这些鞋像极了他本人。在我第一天去球队报到，他就邀请我去他家，我发现他爱打扑克。一个人的思考方式、家庭背景、成长环境，都能在打牌时略窥一二。他在费城长大，和家人一直保持联系，同时也恪守职业运动员的操守。他知道什么不能做，也绝不会去参与街头发生的那些坏事。

尽管我们打的是同一个位置，阿隆·麦基仍然会给我许多建议。在东部，我每晚不得不防守像勒布朗·詹姆斯、保罗·皮尔斯、文斯·卡特、乔·约翰逊和迈克尔·里德那样的球员——其实还有很多厉害的家伙。阿隆·麦基会提醒我摆正心态，注意力集中在比赛上。“听着，他们还会得分的，场均25分对他们来说就是毛毛雨。裁判不会站在你这边，说到底你只是个新秀，当然容易赔上犯规。你的工作，就是增加他们得到25分的难度。即使他们得了25分，也得脱层皮，那样你就算干得不错。”

该如何思考和审视防守明星球员这件事，是阿隆·麦基教会我的。你必须要去消耗对方，有些比赛不管你怎么做，他们都能有绝佳表现，只是有时你的防守能限制他们。阿隆·麦基告诉我，永远不要想着每场比赛都能封死对手，这是不现实的。我真正的目的，是要在防守端为自己正名。只要能一直保持强硬的防守，当其他人面对你时，心里就会打怵。

我在76人打球的第一年里，防守方面的成长算是我的一个收获。我们队也有一群非常优秀的球探。赛季刚开始时，球探弗兰克和扎宁（他们是两兄弟）给了我一盘时长45分钟的录像带，里面记录的都是联盟顶级小前锋保罗·皮尔斯、理查德·杰弗森、特雷西·麦克格雷迪、文斯·卡特和卡梅隆·安东尼惯用的脚步，我看得非常认真，几乎每天都看。教练让我模仿那些脚步，皮尔斯的动作我做得最多。那时很多比赛都会出现大量单打。如果你去看安东尼以前的比赛录像，就会发现他简直是单打大师。所以我要花大量时间研究他们，然后在训练尾声模仿他们的动作。我想让这些形成肌肉记忆，以便进攻时自然而然地用到，防守端也能凭借直觉做动作。

一段时间后，我发现比赛渐渐变得有迹可循。东部每支队的战术都差不多，你只要知道一些战术后续的演变就行。我必须要尽快掌握这些，因为我不做，有的是人会做。我那时看了大量的录像，有时候甚至会在当天完整地回看一遍比赛，看看我哪里做得不错，什么地方需要改进。我慢慢习惯了用这种方法观察比赛，脑不断总结。这也是我在费城的收获之一。

另一个我很喜欢的队友是萨缪尔·戴勒姆波特，这个老大哥特别有趣。我们做了很多年的队友，对我来说他是独一无二的。老戴是一个优秀内线，也是联盟里最好的禁区大闸之一，他的能力配得上他的高薪水。但是老戴也有缺点，很难专心做一件事，这也许是某些天才的通病吧。他出生于海地，在加拿大长大，能流利使用好多门语言。我总觉得，他之所以会来打篮球是因为他个子高，如果他只有 1 米 88，很可能就在某所大学当数学系教授了。倒不是说他的篮球打得不好，他有着柔和的投篮手感，同时又能在禁区送出很多盖帽，在场上像一头巨鹿奔跑如飞。但是他的兴趣实在太过广泛，不像联盟里的其他人视篮球如命。

还有更匪夷所思的事，老戴居然会从微小的零件开始组装电脑。他是我见过的唯一一个会组装电脑的NBA球员。我们慢慢熟悉后，有次我想买一台笔记本，于是上网去找，顺便咨询老戴。他立即跳起来说：“老弟，不要在网上买！他们会坑你一大笔钱的，然后给你安装许多你不需要的垃圾软件，我用一半的钱就能给你整一台好电脑。”

听起来蛮靠谱，所以我接受了老戴的建议。几周后，老戴就抱来一台漂亮的电脑，看上去很有档次，我需要的功能它都有。一年后，我有次在飞机上打开电脑，突然跳出一大堆信息，软件都用不了了。

我问老戴：“这电脑怎么了？出了什么问题？”

他回道：“哦，软件过期了。”

“过期了？什么意思？”

“对啊，它们都是免费试用12个月的。”

“什么啊？老兄，我本来能买一台新电脑，不用在乎软件过期不过期的那种！”

这家伙居然给我电脑安装的都是体验版软件，虽然用起来感觉没什么问题。

但要跟老戴发火是很难的一件事。他为人随和，总是喜欢笑。人们经常批评他说话不够严肃，没有杀手气质。这么说，也得先搞明白他的成长环境才行啊。他刚开始接触篮球时，非常勤勉谦虚，然后一路打进NBA。如果我的成长环境和他一样，我也会天天乐呵呵的，把玩笑话挂在嘴边。

接下来介绍另一个队友威利·格林。他最后在勇士队成为我的教练，但还在76人队打球时，他就已经是职业球员里面的佼佼者了。威利·格林师从凯文·奥利，而我也从他那里学到很多。他真的知道球员怎么做才能留在NBA。身高一米九出头的身高，在得分后卫位置上没有优势，所以威利·格林不得不想别的办法。他每天都练得很苦，每场比赛都分秒必争。如果必须打断某人的腿才能增加他的上场时间，相信我，他会去做的。不过威利·格林做事很讲究，听起来也很好玩，他总会过来跟你说“我今天吃定你了”，然后你就知道他什么意思了。

威利·格林会给你嘴巴一肘，然后看着你说“不好意思哥们儿，我也要养家糊口的”。他不在乎你是不是队友，不管怎么样，他都会拼尽全力。如果你在比赛里搞砸了，他会直接当面喷你。即便如此，我还是很尊敬威利·格林。在有限的天赋上，他做到了自己能做的一切。他本来最多只能在NBA打两三年，但最后居然打了十多年，还被公认为不怎么会犯错的球员。

另一个如此认真的家伙就是马科·杰克逊。注意，我指的可不是那个控卫——前勇士主教练、现解说员马克·杰克逊。我说的马科·杰克逊是我们的中锋大马科。他出生在费城北部，这点你绝对不会忘记。因为他会把“NP”（费城北部）写在脚踝的绷带上，还把绷带绑得很高，时刻提醒自己来自哪里。他也跟其他人一样，给了我很多好建议。

第一个赛季，我的哥哥和堂兄弟经常会跟我待在一起。他们有点像是我的随从，如果可以这么说的话。大多数时间我都会严格要求自己，但有一次，因为和他们玩得太晚了，以致我训练迟到。说真的，在整个篮球生涯中，我也就迟到过那么一次，而正是那次迟到之后发生的事提醒了我。那天，我们走进球馆，大马科直接朝我们走过来，大骂我的兄弟："你们住在一起吗？搞什么鬼，一群白吃饱！如果安德烈失业了，你们全都会饿死！你们应该时刻提醒他，绝对不能迟到了！"

我当时直接愣住了。有趣的是，现在我和年轻球员也这么说。大马科不止在篮球方面深深影响了我，他也告诉我应如何正确经营自己的生活。他时常提醒我们这些年轻球员怎么应对各种情况，如关于职业的，甚至是和女人或者朋友间的关系。他就像有第六感一样，清楚我们遇到哪些麻烦，并指导我们怎么合理安排职业球员的生活。大马科很照顾大家，他明确告诉我，训练后，不要立即跑回家上网或者看电视，应该花点时间去健身房练练小肌肉群力量。每个 NBA 球员身边，都或多或少有些发小，大马科对此也能理解，但他认为，如果确保一个团队健康运转，坐办公室的白领和干苦力的蓝领都不可或缺。

我还有幸和克里斯·韦伯做了三个赛季的队友，对我来说真的受益匪浅。我之所以开始看篮球，真的是因为他。当他和"密歇根五虎"奋勇作战时，我天天守在电视机前欣赏他们的表演。所以当我们成为队友后，感觉像少年的梦想照进了现实。在赛季中段，他来到我们队，霸占了我之前用的4号，对此我并没感到很失落。出于对他的尊重，我选择9号，直到今天我还用这个号码。那时他刚刚伤愈复出，处于生涯末期，东部的对手又恰好很难对付，像凯文·加内特、拉希德·华莱士这样的球员他几乎每晚都要碰上。受伤确实影响了他的信心，打出一场好比赛时，他会很开心，但是如果比赛打不好，他就会情绪不振。他情商很高，喜欢思考，但对美国的种族歧视非常敏感。他收藏了很多非裔美国人的艺术品，我们也聊了许多关于美国黑人的处境问题。那时他因为进入了生涯末期，所以在场上有些沉默寡言，不过我真的很享受和他在场下聊天的感觉。他和我都确信，仅凭他场上锲而不舍的进取精神，场下无与伦比的感召力，就应该入选名人堂。

还有埃尔顿·布兰德，我从他身上也学到很多。我进队几年后，埃迪教练来到76人执教，随后球队又用大合同签了布兰德。那时布兰德刚从跟腱断裂中恢复过来，想在费城大展拳脚。老实说，他跟我们队并没有立即发生化学反应，我不确定他在费城过得是否开心。他无法融入球队体系，教练组试着让他担任空间型大前锋，在场上拉开空间，就像我们现在看到的许多大个子球员一样，脚下移动快，射程远，能换防小个，还能送出盖帽。但那不是布兰德的打球风格，他还是一个相对传统的内线球员。千万不要让他背身挤到篮下，有机会左转身，不然每个回合你都会被他用这招蹂躏。但是，埃迪教练的进攻体系不允许出现这些低位单打，于是一段时间后，布兰德决定以自己的方式打球。在某场比赛中，他不管不顾，摆出一副“让我杀进去再说”的架势，接着就用他的绝招得分了。我理解他，但这在某些程度上破坏了我们全队的战术安排。所有人就那样站成一圈，看布兰德一个人单打。刚开始我觉得很奇怪，我知道布兰德在比赛中陷入挣扎了。

没想到一年半后，布兰德竟然成了我最喜欢的队友，我们经常一起吃晚饭。他为人很坦诚，对自己生涯早期所犯的错误直言不讳，特别是在金钱方面，他希望我能处理得比他更好。他跟韦伯一样熟悉黑人历史，严格要求自己和周围人的言行。我很珍惜和布兰德共进晚餐的那些时光，也越来越佩服他，因为他总是能一语中的。

可以这么说，布兰德在许多方面都给了我很大启发。他喜欢读书，研究黑人历史，总是思考一些深奥的问题。他让我明白了金钱和财富的本质区别，刷新了我的认知。

那时韦伯看到威尔史·密斯、奥普拉、鲍勃·约翰逊和刚刚买下黄蜂队股权的迈克尔·乔丹，觉得黑人开始在这个社会里扮演越来越重要的角色，不再局限于打工仔，也能在商业领域拥有自己的一席之地。如今他的预言变成现实，看看 Jaz-Z 和“吹牛老爹”创办的传媒公司，每个人都走在成功的路上。

迈克尔·乔丹向我们证明了一个人可以做到什么，韦伯启发我如何为文体融合做点事，布兰德则改变了我对职业生涯和金钱的看法。

在费城时，我身边有许多优秀的队友，他们至今还和我保持着联系。但有时候，赢球不止需要优秀的球员。76 人前进的方向似乎早已注定，不管我怎么努力，困难都会不断出现，令我疲于应付。我无法改变它，只能随波逐流。

5

全市最不受欢迎运动员

吉姆教练离队后，新赛季我们迎来了新教练奇克斯。我们在他手下打了三年半，但只进过一次季后赛。尽管战绩糟糕，费城球迷还是很感谢奇克斯教练，因为他曾是这座城市光荣历史的一部分。他以前是76人的控卫，4次随队闯进总决赛，并在1983年随队获得总冠军。

那些年，奇克斯的队友有J博士、巴克利和摩西·马龙这样的超级巨星。他和我关系不错，但说实话，球队在他手下表现有些挣扎，随着战绩每况愈下，更衣室里的氛围越发紧张。

所以，在2008/2009赛季开始还不到两个月，奇克斯教练就下课了。这是他执教我们的第三年，球队却以9胜14负开局，我猜管理层的耐心已经消磨殆尽了。球队副总经理托尼·迪莱奥临时走马上任，那年我们最终还是赶上了季后赛的末班车，但在第一轮就输给了奥兰多魔术队，于是球队决定聘请埃迪担任主教练。埃迪教练人很好，态度积极，看起来上任前就已经做了充足的准备。但他与球队的磨合期并不顺利。

埃迪教练改革的第一步，就是推行普林斯顿进攻体系，如果万事俱备，这套体系会威力十足。一大四小，不断底线空切，队友之间积极传球，从而获得大量的空位投篮机会。这套体系不依附死板的战术，要求场上球员必须能阅读对方的防守，随机应变，所以有时候大家也称这套体系为“动态进攻”。如果你的队友被防死，无法接球，这时候你需要带球往他的方向移动。这就考验队员如何阅读防守了，对方压迫上线，球员顺势反跑溜底，对方卡住下线，球员便选择切出来再找机会。总结起来就是三点——不断移动，持续空切，见机行事。

唯一的问题是，我们没有适合打普林斯顿体系的球员，还需要时间和耐心去打造这个体系，76人队在这两方面显然都有所欠缺。科尔说他花了两年时间打造一套进攻体系，如果你仔细观察勇士队，就知道他所言非虚。科尔教练推行那套进攻体系的第二年，我们常规赛获得73胜。完全掌握某个体系绝不是一蹴而就的事，它包含球员心理和体能等很多层面。不能纸上谈兵，你需要用身体去实践，不断运用在比赛当中，以此来理解所有变化，细节和反击的时机和技巧。当时的76人队可没有足够的耐心，大概12场比赛过后，球迷开始狂嘘我们。3个月后，管理层决定推倒重来。埃迪教练已经尽力了，但他的位置实在像一块烫手的山芋。

费城球迷可不好惹。我记得有一年布兰德受伤，他的肩膀彻底脱臼，简直太可怕了。当他伤愈归来，理论上表现肯定不如以往。难以置信的是，有一个球迷居然在赛场上大喊布兰德每场挣了多少钱。“布兰德今晚挣了46.5万美元，而他仅仅得了2分2篮板”。除非关键场次，否则我们主场上座率不会太好，所以我们经常会听到这位球迷从看台上传来的喊声，跟在房间里听到“安德烈·伊戈达拉三分命中率只有三成，他干吗还要投三分”一样。

威利·格林被喷得更惨，这位球迷会质问他：“噢，威利·格林又持球了，为什么是他控球？我都不知道你们为什么要把他留在队里！”终于一天晚上，我忍无可忍，跑到他身边说：“听着，你这个家伙，闭嘴吧，别再骂他，也请不要乱骂其他人。”在他回应之前我就跑回场内。有时候你不得不把球员挡住，让他们不要和球迷对骂。面对一些不怀好意的球迷，我听说有的球员会让自己的家人去“解决”。

有一场比赛，我们领先对手15分。第四节刚过一半，对方打了一波小高潮，将分差缩小到9分。此时主场居然嘘声四起！我们不得不叫了个暂停，期间全场嘘声仍然不断，以至于我看向大屏幕，再三确认是我们领先9分，即将拿下主场胜利，结果球迷居然在嘘我们？！

经过这些事，我变得更加成熟。还在不断学习的我，逐渐能理解像艾弗森那样的球员为什么会说“全部由我一人承担”。有一次艾弗森向我诉苦：“如果我们输了，大家都会怪我。”那时，我不确定自己有没有完全理解他的意思，但几年后，随着和球迷接触越来越多，我开始懂了。

在某种程度上，你需要保护自己不受媒体的影响。艾弗森总是劝我不要看报纸，开始时我还觉得很可笑。当我还是新秀时，报纸几乎不离手。我很少看体育版面，大多时候看时事新闻，偶尔也玩两把数独游戏。有一天，艾弗森看到我在看报纸，就过来对我说："哥们儿，不要看那玩意儿，它会毁了你的比赛。"如今我当然知道他是对的，我们队的某些球员会被媒体分门别类——这家伙不会投篮，不会低位背打——接着这些球员的比赛慢慢就会被影响。刚开始球员们也许确实有些缺点，但那些片面的报道就像是一道沉重的枷锁，胁迫着球员在比赛中都不敢做动作了。因为他们担心媒体又会怎么评价，这让他们如履薄冰。实际上，对于媒体的报道自己要心里有数，他们的工作就是吸引眼球，所以根本不会在乎对你的生活有什么影响。

艾弗森比我们任何人都更懂这件事，如果有球员感觉自己开始被球迷和媒体关注，艾弗森就会提醒他们。奥运会期间，艾弗森跟安东尼、詹姆斯和韦德说："现在感觉很棒，但你们得小心，有一天他们会调转枪口，这种破事儿肯定会发生的。"他也这么对我说过，我把这些话牢记在心。

艾弗森就像是恐怖电影片头出来的老人，颤颤悠悠地提醒你废弃的房子里有古怪。事实证明，他是对的。球员们都会在生涯的某个节点遭受球迷辱骂攻击，我也没能幸免。

有一天，我在家待着。美国娱乐与体育电视台正在评选每支球队最讨厌的球员。当说到费城时，猜猜谁中奖了？安德烈·伊戈达拉被他们评为这座城市最讨厌的球员，真是太雷人了。作为职业球员，我觉得自己已经足够努力，也足够成功。我为这支球队受过伤，为胜利拼过命，尽力给球迷们奉上精彩比赛。当我每次杀到篮下，被一些2米10左右的大个子撞倒在地，肘部重重地砸在木地板上，球进、加罚，站起来，迎接我的是球迷山呼海啸的喊声。万万没想到，现在我居然成了这座城市最讨厌的球员。

我敢肯定这也跟我的合同有关。在进入联盟4年后，我和球队续约，签订了一份6年8000万美元的合同，周遭的一切就此发生了变化。回看第一份合同，那时我只是菜鸟，肩上没有太多重担。我感觉自己无拘无束，很自由，一门心思打球就行，来自外界的压力都集中在艾弗森身上。我的新秀合同接近底薪，对于球队来说性价比很高。所以如果新秀打得特别好，球队就像是用底薪养着一个球星。

2015/2016赛季，史蒂芬·库里不可思议地创造了单赛季投中402个三分球的纪录（上个赛季，他刚刚平了雷·阿伦的269记三分球的纪录，谁能想到这家伙2015/2016赛季还能再上一层楼）。同年，库里全票当选MVP，率队一举杀入总决赛夺冠，是球队当之无愧的最佳球员，可以说他那年简直打遍天下无敌手。但是，当时的联盟里居然有53个球员比他赚得多，也包括我。我的年薪大概比他高出40万美元，保罗·米尔萨普、克里斯·米德尔顿、雷吉·杰克逊都比库里赚得多……年薪不总是和球员当前的水平成正比。当库里在场上改写NBA纪录的时候，替补席上还有许多人的年薪比他高。球员赚多少钱，取决于上一份合同期打得怎么样，而不代表当前的水平。库里2017年重新与球队签了一份5年2.01亿美元的合同，这才对得起他2012年至今的表现。

对于大多数球员而言，签下大合同就意味着球迷和媒体要开始为难你了。球迷对于薪资的逻辑有些奇怪，举个例子，如果一个新秀场均15分10助攻10篮板，大家就说他表现非常好。一旦球员签下新合同，比如薪资翻了3倍，在一些球迷看来，他的表现应该也好上3倍，场均拿45分30助攻30篮板。大家没有考虑到，新秀合同对球队来说有多划算，新秀们拿着白菜价的合同，即便比一些老球员打得更好，收入却依然不到他们的一半。这就是菜鸟要经历的过程，你不能一下子得到很多钱。库里每年挣1100万美元的时候，他单赛季能投中402个三分，现在他一年可以挣四千多万美元，你难道期望他单赛季能投进1608个三分？这种比较没有任何意义。有些时候，人们就是喜欢用这种逻辑去想事情。我知道，有些家伙签了大合同后状态就一落千丈了，但我绝对不是那样的球员。我从不放松，为了成为更好的球员，我一直在进步。在得分、助攻和篮板方面，我最好的表现恰恰都是在签订新合同之后出现的，但似乎这些无法满足大家。就因为我的新合同，大家就觉得我应该要和迈克尔·乔丹、科比·布莱恩特和威尔特·张伯伦打得一样好。大哥，我只是拿了符合市场行情的工资罢了。

几年下来，媒体对我愈加苛刻。很难说始作俑者是球迷还是记者，他们就像是硬币的正反面。众说纷纭，大家都在充分发挥想象力，特别是在费城这个地方，酿酒不会甜，酿醋肯定酸。球迷们会反复谈论那些热点，你很快就会发现指责无处不在。就算你是铁人，都有可能被击垮，尤其是你在精神上受到舆论干扰，同时身体还要承受每年至少82场比赛的强度。

成为职业球员不是一件简单的事。我很感恩这一切，每天早上睁开眼，和篮球作伴，从孩提时期开始，就一直在做自己喜欢做的事，打世界最高水平的比赛，得到丰厚的报酬，我感觉自己仿佛活在梦里。这个世界上很少有人能够这样，在某个时刻停下，说现在的生活就是自己理想的生活。但是，太过顺遂也会使人很难理解生活的难处。为什么有时我会感到难过沮丧？我现在做的事，就是一直以来我想做的事，为什么还有不开心的时候？

久而久之，我就发现自己逐渐无法信任那些记者，讨厌媒体的报道了。那段时间，球员在比赛前后必须要接受采访，我开始有意无意地提高警惕，尽量少说话。你可以看到赛后采访中，球员疲惫不堪的样子，就知道这样的规定有些不人道。你刚打完48分钟的比赛，已至凌晨，疲惫不堪，浑身酸疼，各部位关节火辣辣的，还有可能刚刚吞下一场失利。这时心中充满挫败感的球员，还得在更衣室面对多达17位记者的长枪短炮，根本无处躲藏。所以可以理解为什么只想好好打球的球员会不耐烦，面对提问总说一些片儿汤话了吧。

每个城市的媒体对于故事都有自己的喜好。总被纽约压一头的费城，作为经济滞后的城市，钢筋水泥灌注之地，胆大妄为和坚韧不拔的人都能在这里找到栖身之所。想象洛基为了冠军，在冷藏室捶打生肉的画面，也就可以解释为什么一开始费城球迷会将艾弗森视为他们的救命稻草。这个不到 1 米 85 的家伙像个斗士，任何时候都不会退缩。球迷们喜欢这样的球员，也乐于在他身上附加一些精彩的故事。但我和他们的情况不一样，我不会在公众场合抛头露面，也许是因为我生性喜静，比较专注打球。我也不会唱唱跳跳，更不会对媒体示好。艾弗森做的事让我敬佩，他很真实，我也尽量活得真实一点，只是我们的性格不太一样。很快，我就被媒体贴上了“高冷”“不好打交道”的标签。

就这样，艾弗森在费城的经历也深深影响了我。他和媒体的关系时好时坏，不是捧到天上就是踩入地下。当媒体喜欢他时，他就是上帝。当他表现不好的时候，媒体恨不得用笔杀了他。

在艾弗森离开费城之后，媒体和球迷便把注意力集中到我的身上，一时之间，我成了众矢之的。我感觉他们渴望在我身上找到槽点，可惜并没找到，于是最终演变成了一场闹剧。2012 年的一天早上，我起床发现《费城调查者报》写了一篇文章，把我和打橄榄球的费城老鹰队四分卫多诺万 · 麦克纳布进行比较，认为我跟他一样“高冷”—— 不喜欢和人相处。

我尽量不让这些破事儿影响我，但几乎不可能。有些球员陷入争议后，会选择远离球队和球迷，有些人则试图讨好球迷，因为他们曾经经历过类似的事情。遇到非议，每个人都得在应对之前深思熟虑。但对于我而言，训练是最好的解决方案。将所有的能量、失望、愤恨和抱负打包，用刻苦的训练来消解这些情绪。我感觉自己每天都全力奋战，每天都在提高自己。我本应成为这支球队的领袖，却被人指责无欲无求，于是我开始改变，得更多分，抢下更多的篮板球，那样，我就不会在第二天听到有人说我的表现配不上这份薪水。但我仍然会在防守端全力以赴，那是我的立身之本。有时队友看到我这样会说，“哥们儿，你还好吧？你在透支自己，让我们帮你分担一些吧”。这时我会回答，“你们才需要帮忙呢！”

那段时间，我的身体和精神都太紧张，球场上的表现也影响到了我的生活。我甚至不惜透支健康的代价去训练，一头扎进力量房，别人一周两练，我一周五练。每天我都泡在球馆，比任何时候都要努力，心中只想着如何提高球技。我不考虑媒体怎么报道，只想尽可能提高自己，我把心灵封闭起来，凡事能躲就躲，不踩刹车，不断训练。我想证明那些质疑我的人是错的，我不想跟任何人说话，也不想离开球馆做别的事，我的生活范围变得狭窄，失去了乐趣。

那段黑暗的日子里，我经常在夜里辗转反侧。电视或者电脑的屏幕亮着，似梦似醒，脑海中不断想象着某个传球或者投篮后会发生什么。我逐渐对黑夜了如指掌，清楚地知道某个时刻会出现什么声音，何时会有狗叫声，何时报纸会被送到邻居台阶上。然后便陷入死一般的沉寂。我只想能再次找到打篮球的快乐，而现在，我感到全世界的压力都压在肩头，自己却无力承受。

我试着让自己开心，看到电视里的采访，听到振奋的故事，脸上也出现了更多笑容。我不想让别人知道我活得如此纠结，总觉得只要自己能妥善处理，意志坚定，事情就会朝好的一面发展。

但是，大家还是会看出我的变化，留长发，几乎杜绝所有社交活动。我只想待在球馆，睡醒后继续训练，一个球紧接着一个球，投更多篮，练更多力量，然后回家一个人待着，或者邀请朋友小坐。这就是我处理麻烦的方式，努力训练，埋头苦干，不抱怨，但逐渐地，我发现这种佛系状态无效了。

在76人队的后几个赛季，我平均每场比赛出场近40分钟。我一直都对上场时间不太在乎，需要我的时候，我自然会上场，拼命赢得胜利，不管是12分钟还是48分钟。但现在我得承认，40分钟真的不少了。我所有的努力，背负的压力和每天睡觉时思考如何得到更漂亮的数据，都是为了我能在第二天不被陌生人嘲笑。我不知道有没有更好的办法，但这就是我眼下的办法。

与此同时，心里的另一个声音也在告诉我，不应该随波逐流。我活在自己的梦里，也是数百万人的梦里。作为一个薪酬颇高的职业篮球运动员，我难道不应该感到满足吗？许多运动员或者娱乐明星都来自底层，也包括我。我们的第一份工作可能是从时薪12美元做起，许多人家里都经历过破产，和兄弟姐妹睡在地板上，盼望有钱买食物和衣服，有时还不敢奢望两者都有。所以我们必须非常努力，不惜牺牲自己的健康，练到膝盖骨裂、韧带撕裂。以打篮球为生的人，通常都是迫不得已，如果有更好的选择，很多人都不会选择打篮球。当作兴趣没问题，可一旦涉及养家糊口，大部分人都会选择更稳定且压力没有那么大的工作。

现实就是，这一整套职业体系建立在压榨运动员的基础上。涉及钱的时候，与之相关的许多人就不太在意你的个人健康。对他们来说，那只是次要的事，所以才会有球员在场边吃止疼药，注射止痛针剂，或者严重到做手术。为了修复受伤的骨头和韧带，不得不尝试那些看似怪异的治疗手段，只是为了能回到场上继续打球。人类的身体构造，本来就难以承受半年 82 场激烈比赛的摧残。你只能以损害身体作为代价，不得已而为之。换句话说就是，挑战生理极限。

对我来说，这些道理体会更加深刻。每支 NBA 球队市值都高达数十亿，球员的工资可能和在麦当劳打工相比是很高，但是，一旦你开始注意到自己只能见到背后金钱池的冰山一角时，感觉就不同了。仔细想一想，你拿自己的健康去换钱，劳动所得却不全是你的，那些已经富得流油的白人老板要拿走十之八九。周围的环境都在逼迫你不断突破身体极限，甚至几乎逼死自己，同时，你还要被球迷辱骂，被媒体批评，在主场被狂嘘，每天睡觉时全身酸疼，这一切不禁让人怀疑，自己的付出究竟是否值得。也许我会在生涯某一刻换一个膝盖，或者做髋关节置换手术。髋部对你来说值多少钱？如果必须要牺牲膝盖和髋关节，你觉得开价多少合适？这个问题让人无法回答，但事实就是这样。我不认为自己经历过的那些困难，还有无数个全身酸痛的夜晚，是完全为了金钱。我之所以打篮球，忍受伤病，是因为我爱这项运动，那份爱深入骨髓。

当我正被这些想法折磨的时候，与体育媒体的较量还在继续。

有几次，我确实无法理解和接受他们的做法。大概在2008年的某个时间，我接受《体育画报》记者的专访，那次我们聊了很多，最后形成了一篇四千字左右的采访稿，里面有一小段话是关于我对队友路易斯·威廉姆斯的评价，《费城体育报》居然把它们单独摘了出来。在我看来，那段话在《体育画报》的文章里没有任何问题，但是放在《费城体育报》的文章语境里，就好像我在诋毁队友，还对此毫不在意。真是莫名其妙，我努力想搞清楚怎么回事，但后来想想还是算了。

这件事之后，我反而开始了解他们是怎么运作的，知道了记者会从什么角度来采访。必须要非常注意你所回答的问题，你对记者们知根知底吗？他们还会怎么添油加醋？当他们提问时，又对你抱着什么样的看法呢？当你回答时，要注意有什么陷阱？考虑完这些，你还得注意不能轻易发火或者回答得太主观。回答问题的时候，要尽可能简短，如果你夸夸其谈，很有可能顺嘴说一些无关的内容，接着就会被别有用心的人摘出来，放到某个话题里，引起人们的议论和猜疑。于是，我们会说一些笼统的话，比如“我们打得很挣扎，需要对比赛更加专注”。大家会觉得我们的回答跟什么都没说一样，但实际上，我们只不过是不想惹事，不然第二天就会有好几百万陌生人叫嚣着让我们下岗，我们可没时间去应付这些麻烦。

如果说运动员自私，那也是因为他们必须要学会保护自己。有些人随时都想把你踩在脚下，把你贬损得一文不值，所以为什么你还要折磨自己，去让他们开心呢？想想就不可思议。

在费城打球的时候，有一个助理教练（我不说他的名字）跟我说过，“你啊，赶紧出手，不要再给队友传球了，他们打得不够好。如果你不得分，我们就别想赢球了，所以别再传球了”。

我很难接受这个建议。如果我的队友处于空位，我会给他们传球，我一直都是这么做的。但是，现在这个助教却不让我这么做。

“去他妈的，拿钱办事，然后签一份大合同，拿更多的钱。不要再传球了，哥们儿，那样我们不会赢的。我问你，我们要进季后赛的，对吧？”那个助教苦口婆心地劝我。

“当然，我们会进季后赛的！”

“好，也许我们能进季后赛，但我们能拿总冠军吗？现实点儿吧。”

“确实拿不到，我们队并没那么强。”

“你也知道我们没那么强，所以顾好你自己就行，刷数据，然后拿大合同。”

我常常在想，这个建议也许是我听到过的最好建议了，尽管有些不堪。那个助教当时很照顾我，他长时间地观察场上情况，然后把想法告诉我，希望我能明白。其实，这个建议不能说不对，如果你是一支球队的年轻球员，有天赋有潜力，但球队战绩一般，为了你自己的未来，你当然可以这么做。你需要在这个联盟里多待几年，拿一份更大的合同，也许以后会去一支有竞争力的队伍。你需要多得分，让数据更好看，这也可以说是延长职业生涯的一种策略，使你的生活更加有保障。

但是这也取决于你怎么做，并且是在尊重的队友的前提下。如果你只是疯狂刷数据，而球队成绩却很烂，那样你就不算成功。只有失败者才会这么干，我鄙视这种做法。你能看出来，有一些球员虽然也在疯狂得分，但他们是为了球队获胜，因为他们同时也在防守端拼尽全力，在每个回合拼命争抢。防守并不能让你得到球鞋合同或者商业代言，所以，如果一个球员在防守端很努力，说明他确实是真心在帮助球队追逐胜利。

但是说实在的，不要过度美化现实生活，没有人会把梦想、无私和团队利益摆在第一位。你不知道明天会发生什么。我们能在这个联盟打球，本身就是奇迹。我总是对年轻球员说，“听着，趁你还打得动的时候，多赚点钱，不要留下遗憾”。

道格·柯林斯是我在费城时期的最后一任教练，他以前是做解说的，我在他麾下打了两年。我们两次闯入季后赛，他对比赛的掌控力无与伦比，对战术的理解也比我经历的任何教练都要深。但是他有一个缺点——为了胜利不惜一切代价。他在这个联盟打球的经历，深深地影响了他的篮球理念。由于接二连三的脚踝和膝盖伤病，他的球员生涯被迫中断，还因为1972年慕尼黑奥运会上痛失金牌，惨遭球迷诟病。当时，不可一世的美国队和苏联队打到最后关头，比赛结束时发生了“计时器故障”，球权给了苏联，后者挣扎了三次，最终用一记快攻上篮赢得胜利。屈居亚军的美国队拒绝上台领奖。这件事他们做得没错。

当一切尘埃落定，道格教练本来是可以进入名人堂的，但是伤病毁了他，随后状态一落千丈。也许是这样的经历，让道格教练对伤病有种偏执。你如果在他的队里受伤，他会说“得了吧，你必须上场”。我的私人医生、训练师和其他人都告诉我需要休息，因为我打得太久了，但是道格教练对此充耳不闻。我强忍伤痛打完比赛之后，他会告诉我，早就知道我可以的。

第一年，道格教练做得非常出色，让球员们对他很服气，拼死拼活也在所不惜。他经常会在大家开始训练的时候，走过来说迈克尔·乔丹昨晚看了我们比赛。“安德烈，乔丹对你们昨晚的进攻印象深刻”。这让我们备受鼓舞。我的天，乔丹居然在看我们打球！我们今晚一定要拿出所有本事！直到有一天，一个认识乔丹的队友说：“哥们儿，乔丹根本没看我们打球！”我才觉得自己受到了欺骗。道格教练对我说的“乔丹会关注我们”是彻头彻尾的谎言，但不得不承认，他在激励人心方面有一套。

到了第二、第三年，情况急转直下。很多人意识到他的做法不一定是对的，球员们渐渐开始和他产生隔阂。如果你观察道格教练的执教经历，都是有迹可循的，芝加哥、底特律、华盛顿，然后是费城——相似的过程一而再，再而三地上演。终于，他在费城执教的第三年，量变产生了质变。

但是，我对道格教练的印象，基本上被一件事所决定，那件事发生在我费城打球的最后一天。

那段时间我们正在伦敦参加奥运会，这也是我生命当中最特别的经历之一，对我来说意义重大。我很荣幸能和一群队友为奥运会金牌而战。当时我是球队第七人，一个很好的位置——既有充足的上场时间，又觉得自己对球队有所贡献，金牌的一部分应该属于自己。

有一天晚上休息时，我去看美国女足比赛。我和几个人坐在包厢里，视野开阔，比赛精彩，现场气氛很好。最后美国女足摘得金牌，大家都非常激动。

道格教练当时也在伦敦，他为美国广播公司做解说嘉宾，所以我们在伦敦碰见了好几回。那天早些时候，我们还互相发短信，他告诉我，他对明年充满期待。当时他是这么说的，“今年你打得很棒，我等不及要开始下个赛季了！”总之我们聊得很投机，让离家千里之外的我感到很暖心。我的队友朱·霍勒迪和女足中的一位姑娘订婚了，所以我知道他肯定在体育场的某个位置，于是我给他发短信：“我在包厢，过来一起看比赛啊！”

几分钟后他就来了，我们坐下边聊天边看球，但我总觉得他心里有事。我认为他就是看未婚妻比赛太紧张了，所以也没想太多。

后来，还是他主动开口：“哥们儿，你被交易了？”

“没有啊，我今天还和道格教练聊天，他说一切都很好，等不及要开始下个赛季了。”

霍勒迪脸上闪过一丝难过，我还不知道到底怎么回事。

他把手机递过来，上面有道格教练和他的聊天记录。“我们做了一笔大交易，安德鲁·拜纳姆要来了。”我顿时明白怎么回事了。

那时拜纳姆还是非常抢手的球员，手握大合同。而费城没有薪金空间吃进他的合同，除非他们把现有的大合同交易出去——也就是交易我。

这就是我发现自己被交易的经过。我为76人效力8年，打了650场比赛，上场24598分钟，投进3468个球，无数次灌篮，全速冲刺，杀到内线造成犯规，基本没有缺席比赛；在场上洒下热血，拼到牙碎，被肘击，眼眶破裂，指骨断裂；给球队卖了无数件球衣，吸引几百万球迷入场看比赛，历经5任主教练、一群助理教练，与至少三十多位队友合作……而最后换来的，是一位队友手机上的短信，还是在我参加奥运会期间知道的。

第二天，交易被正式宣布。

当时的我，只效力过76人一支队伍，一时难以接受，但想想其实也不算太糟糕。费城的球迷和媒体是独一无二的，如果其他地方也都如此苛刻，我可受不了。在那里打球让我从别人身上学到很多东西，永生难忘，助我成长。期间，我也学会了要如何照顾好自己，继续征战NBA。总之，我对费城心怀感激。

关于那段经历，喜忧参半。但不管结果如何，都提醒我不要太当回事。有一场比赛前，我正在场地上做拉伸，对方阵中一位老熟人朝我走过来。他是明星球员，甚至将来可能会入选名人堂。当时那场比赛临近赛季结束，季后赛席位早就定了下来，而我们队打的这场比赛，说实话，毫无意义。一般这种情况确实让人难受，球员已经身心俱疲，要不就是在为季后赛储备体能，要不就是琢磨休赛期去哪里打高尔夫球。我们唯一需要注意的，就是不要在这种比赛中受伤，每个人都能好好的。但有时候，一些新秀会在比赛中打得特别卖力，想证明自己不只是个替补，然后不知怎么的，比赛顿时就变得火花四溅。我希望自己可以直接跳过这样的比赛，但是门票已经被卖出去了，只能上场。我伸手想和那个球员打招呼，但是他没接这茬儿，而是靠得我非常近，张大嘴巴，口腔里的味道清晰可闻。老实说，他肯定刚参加过一场聚会，酒气四溢。嘴里的味道出卖了他。

“你在搞什么鬼？”我笑问。

“我现在他妈晕乎乎的。”

难以置信，这家伙居然喝醉了，仿佛打起醉拳。那天晚上发生的事太荒唐，他和清醒的时候打得一样好，全场飞奔，连续命中三分，怎么投怎么有，他时而摇头晃脑，时而怒吼灌篮，好像要生吞活剥我们这群废物。我知道那是他唯一一次醉酒打球，但如果我像他那样酒醉，不知道自己还能不能刹得住车。每次想起这件事，我就想笑，篮球有时让人难过，但不管怎样，这只是一场游戏而已。

6

山高水远

在丹佛，早上去训练的路上，我总会看到两到三英尺厚的积雪。头顶太阳直射，积雪往往到中午就消失不见了，地面被晒得干燥滚烫，仿佛那些积雪从未出现过一样。在费城，我仿佛患上了幽闭恐惧症，但在丹佛，一切都不是问题，这里的人生活更加悠闲自在。丹佛看起来很干净，市民都崇尚室外运动。球迷关心比赛，但并不会在球队输球后太过沮丧或消极。他们能做的，就是永远支持主队。我几乎都快忘记有球迷能这样做了。

第一天抵达训练场地的时候，我简直震惊了，丹佛球馆的设施竟然如此完备！在费城，我已经习惯了狭小的地下室训练房，所以当我走进丹佛的训练场地时，感觉自己几乎要被大风吹走——这里太宽敞了。新的力量训练器材，按摩设备，还提供餐食……这是完全不一样的地方。我对第一次训练充满信心，不只是因为新球队很棒，还因为一切对我来说都在预示着全新的开始。

尽管我和球队大部分球员都很熟，但新赛季依然是个未知数。有几个队友跟我关系很好，其中就包括后卫劳森。劳森来自北卡罗莱纳大学，是一个打球非常聪明的球员。他还是联盟里为数不多的传统控卫，师从昌西·比卢普斯和安德烈·米勒。跟他们一样，劳森首先把自己定位成组织者，在不得已的情况下，才考虑自己得分。我注意到他打球的时候，经常用眼角余光观察左右，然后喊出战术，这种有条不紊推进的比赛感觉真好。一个球员在场上，首先分析比赛形势，确保队友都能跑出机会。没有人不喜欢和这样的球员一起打球。

球队合练的第一天，我们在一起聊了聊。

他告诉我："嘿，安德烈，很高兴你终于来了，我受够了大家一直在议论你的事。"

"什么意思？"

"去年一整年，我就不断听到教练组说，'当我们拥有安德烈时、等到他来了……'他们对得到你这件事非常执着，所以我很高兴这笔交易终于发生了。"

他这番话说到我的心坎里。我知道自己不是一笔交易的添头或者球队发展的阻碍，抑或只是球迷想看到的球员，也许球迷头天还喜欢我，第二天就开始嚷嚷把我交易了。在费城，我从未感觉到管理层对我完全信任，他们不会永远支持我。来到丹佛，一切都变了，我才意识到以前在费城的日子有多艰难。

好巧不巧，赛季第一场比赛，我们的对手竟然是费城76人队。我预想当DJ喊出我的名字时，球迷会疯狂嘘我。果然不出我所料，DJ播报我的身高时，全场爆发出震耳欲聋的叫骂声，我几乎听不到主持人后来报出我的名字。所有人都在疯狂嘘我，好像我欺负了他们家小狗似的。我试着让自己不要太生气，但在那场比赛中，我确实有点情绪化。

为什么他们这样对我？肯定不是因为交易，我并没有主动提出要去别的队。我在费城打了 8 年球，每年都要面对那些交易流言。能再次回到这座球馆我其实很高兴，尽管曾经被教练欺骗，伤心透顶。他们只会嘘我一个人吗？我偷偷瞥了一眼站在场边的道格教练，他显得有些焦躁不安，嘘声中也有一部分是送给他的。如果这场比赛我在他们头上砍下 35 分，那么道格教练肯定会被当成傻瓜。

新仇旧恨交织在一起，从哨响跳球那一刻开始，我就铆足了劲，发誓要让他们后悔交易了我。掘金队赢得跳球，然后我接到劳森的助攻，中距离后撤步出手，顺利拿下两分。现场顿时炸锅了，看台上爆发出更大的嘘声，我尽量不去考虑太多。76 人队错失一记跳投，乔丹·汉密尔顿摘下篮板，电光火石间球传到我手中。身处底角，我干拔三分，可惜没有投中。从那一刻开始，事情开始朝相反的方向发展。我感到身上背负着巨大的压力，身体不受自己控制。接着我投失必进一球，不一会儿，又在一个回合里被对面的贾森·理查德森抢断，观众们对此喜闻乐见。第一节，尽管我成功地在拉沃伊·阿伦手中完成抢断，还隔扣了他，但终究没太多亮点。大多数时间，我感觉自己像是同时把二十块大石头推上山一样吃力，找不到比赛节奏，搞不清对方的防守策略，频繁失误，多做多错。那场比赛绝对是我打过的最差比赛之一，我越挣扎，越想努力摆脱困境，情况就越糟糕。终场哨声响起，我们以 75 : 84 输掉比赛。我的数据是 13 中 5，只得到 11 分，还有 4 次失误。道格教练走下场时，脸上带着微笑，可惜那样的笑容并没出现在我脸上。

我来到掘金队之后，住在市中心的一个公寓里，面积不大。一个表弟过来帮我打理商业上的事情。渐渐地，我开始有点同情他，这家伙实在是无聊得快要发疯了。丹佛这个地方，几乎没有黑人，也没有夜生活，感觉有些沉闷，对我表弟尤甚，不过倒是蛮适合我的。在丹佛的清晨，我很享受独自步行去训练或者比赛的感觉，空气清新纯净，像回到以前在芝加哥的那几个礼拜，当时我还在为选秀大会做准备。我的生活重新变得简单纯粹，挺好的。拥有自己的公寓，离三明治店不太远，关键是，球队的训练场地随时都开放。

不过我的失眠问题依然存在，跟在亚利桑那和费城时一样。虽然情况有所好转，但仍然时不时会熬到天亮，尽管眼皮无比沉重。去球馆或者力量房可以缓解我的失眠，我有时会练到很晚，不停地撸铁，不停地投篮。疲劳可以让我入睡，独来独往的生活也很适合我。更好的是，我开始学习如何转移注意力，让我过于兴奋的大脑可以思考更有意义的事。在费城时，我满脑子想的都是如何证明媒体是错的，愤恨、挫败、自我摧残的感觉驱使着我，像是在说“好吧，你想要我逼死自己？走着瞧”。但是在丹佛，所有失眠诱因都消失了，这里的球迷对球队战绩很满意。

我们球队的体能教练绝对是一个不可思议的家伙，我的意思是，第一次见到他时，我几乎不相信他就是体能教练。他的名字叫史蒂夫·赫斯，白人，中年大叔，身高1米65，身上肌肉结实，壮得像个球。他的皮肤晒得很健康，梳着一条灰色的马尾辫，嗓音浑厚，我后来才知道这是新西兰口音。在他身上有一种令我难以置信的积极性，他每天都开开心心的生活、工作。无论陪我单独训练，还是在力量房指导半个队的球员，他的乐观积极总能感染我们。他说话掷地有声，懂得如何鼓励你。“这么干就对了，安德烈，努力付出，付出就会有回报”。我还从未感到如此专注。以前见过的许多训练师都是如此，告诉你要努力变得更好，但是史蒂夫不同，他让你感觉到自己可以百分百信任他。我们相信他，他也相信我们。

在那段时间，就算有时候训练遇到瓶颈，史蒂夫也会用平和又有点滑稽的话鼓励我，逐渐对我产生影响。我开始正视自己的身体，承认身体是有极限的。史蒂夫曾经告诉我，“人们总是误解运动员，觉得他们的身体构造不同，但实际上，他们也是血肉之躯，也有承受不住的时候”。这种看待问题的态度，使我对训练和比赛的理解也提高到了另一个层面，尽力而为，但是循序渐进。在76人队打球的时候，我以为自己只是需要坚强的意志，有付出就有回报，不用太在意身体的损伤。但是来到这里和史蒂夫一起训练后，我看事情的角度更全面了。我不能太过压榨自己的身体，得让意志和身体承受限度无缝衔接，像一台机器一样合理运转。

在费城那场糟糕的比赛过后，我们及时做出调整，但是，赛季前32场比赛里有22个客场，我们的战绩也是差强人意的17胜15负。尽管纸面上看起来不怎么样，但我能感觉到大家都在逐渐适应彼此的打法。达尼罗·加里纳利是队里的球星，他的名气和实力匹配，我很喜欢他打球的方式。这家伙技术全面，训练非常刻苦认真。球场上的他球风彪悍，还是一个极具天赋的射手。加里纳利拥有在欧洲赛场上锤炼出来的球商，从不拖泥带水，这点跟劳森很像。

我记得在2012年圣诞节后不久，我们有一场对阵达拉斯小牛（达拉斯独行侠前身）的比赛，如果我没记错的话，那场比赛的开局阶段，加里纳利手感冰凉，投失了几个球，还有一些失误。小牛队向来不是防守强队，但那天晚上，他们上半场的轮转快速有效。那时赛季差不多进行到三个月左右，各支球队都在针对不同对手的箭头人物制定防守策略。小牛队也是一样，他们搞不清楚我们的箭头人物是我还是加里纳利。所以，那场比赛他们一直在变换策略——有时候夹击，有时候换防——当我们队同时有两个攻击手时，小牛队的防守有些顾此失彼，这也让我们在比赛时信心倍增。

就在上半场快结束时，加里纳利射进一记远距离三分。紧接着，安德烈·米勒断下文斯·卡特的传球，立马传给劳森，后者起跳投出压哨三分，可惜没中，但是加里纳利突然冲上去补扣得手，几乎压着半场结束的哨声。因为一切发生得太快，裁判们不得不通过回放来确定此球是否有效。那一瞬间，我打心底里为加里纳利感到高兴——我猜自己已经渐渐融入了新球队——中场休息时，包括第三节比赛中，我依然对他赞不绝口，看得出来他对此颇为受用。每次加里纳利得分，我都蹦得最高，叫得最欢："哥们，上去踢烂他们的屁股吧！"他忍住不笑，故作镇定，我猜这种方式在欧洲赛场上可能不太常见，他也许没见过如此激动的队友。最终，加里纳利全场砍下39分，包括投中的7记三分球，三分命中率高达63%。尽管整支球队的成员互相之间不算“特别亲密”，但是类似这种场上的鼓励，无形当中也拉进了我们的关系。场下我很少看到加里纳利，不过我明白，如果球队场下关系一般，至少我的职责之一，是要保证场上大家没问题，能够产生良好的化学反应。

我和球队中的一些球员在场下玩得也不错，比如科里·布鲁尔和劳森。不过和我关系最好的是威尔森·钱德勒。直到今天，他仍然是我在联盟中最敬佩的球员。钱德勒聪明内向，为人谦逊。跟我欣赏的许多球员一样，他也喜欢思考。我们时不时会在赛后聊到很晚，话题可以是篮球、政治或者商业。但大多数时候，我们的话题会围绕“思想”展开。他总是在找寻一些问题的答案，那些问题通常比较宏大——我们的路在何方？身处这个位置，我们能做些什么？什么是真正的力量？

作为职业篮球运动员，我们的处境有些复杂。能做着喜欢的事情，同时还能挣钱养活自己，这很幸运。因为频繁出现在电视上，我们为人熟知。在美国，大家认为能上电视的人都不得了。我们的工资非常高，对于大多数球员来说，从小到大见过的钱，还不及现在的千分之一。

身为美国人，我们相信这就是成功，将会让人无比满足。如果挣足够多的钱，足够成功，那么我们就应该没有任何烦恼才对——换言之，烦恼消失无踪。但是，一段时间过后，出乎大家的意料，就算钞票花不完，荣誉等身，但烦恼依然存在。难过和沮丧没有消失，愤怒和挫败感如影随形。似乎许多人都会这样，在物质上获得过我们所谓的成功后，仍然有烦恼，黑人群体应该对此特别有感触。暴力、压迫、非人般的待遇无处不在，黑人无法获得绝对的自由和幸福感。如果想要获得这些，就得更换自己的肤色，反正我是不会这样做的。我一直都能感受到种族歧视的存在，在我的家乡，种族歧视根深蒂固，针对黑人的暴力时有发生。在我进入高中甚至大学后，这种现象屡见不鲜。在亚利桑那大学读书时，我和萨利姆·斯塔德迈尔的交流，包括在费城和克里斯·韦伯、埃尔顿·布兰德的沟通，都促使我迫切探究产生种族歧视的历史、政治和经济方面的原因。但是在丹佛，和钱德勒的交流使我对此有了全新的感悟，仿佛进入到另一种层次。我刚刚开始领悟到身心健康与身边的一切存在某种必然的关联，意识到那是一种全新的知足、知止的内心修为。说实话，这与我多年秉持的得失理念完全不同。要想悟透它，对我来说确实很难，但我依然选择知难而上。

随着赛季进入尾声，我们队在比赛中也越来越有凝聚力。一波连胜使我们感觉到也许今年不一样。丹佛掘金队从来没有获得过总冠军，就连总决赛也没进过。我还没愚蠢到认为我们只用一个赛季就能实现这个梦想，但每个人都希望今年能走得更远一点。我个人也很享受这个过程。卡尔教练对篮球的理解十分到位，尽管我俩的关系不太好，但我们达成互相配合、彼此成就的共识，那样对双方都好。我认为卡尔教练能看出来我对比赛足够了解，知道我对于队友的重要性。如果有必要，我还能作为球队的一号或者二号得分手。同样，他对于球队的合理安排，让我们都能全力展现自己。这些我都看在眼里。

卡尔是我在NBA共事的第6个教练，通过他，我也加深了对教练这个角色的理解，他们和球员一样，也有喜怒哀乐。我开始还对此感到震惊，因为我也跟其他人一样，内心接受了联盟里的等级观念，但实际情况比我想的更严重。人们都认为教练应该是全能的，比球员更有能力，在篮球方面懂得更多，这倒是真的。认为教练的人生经验更丰富，大多数情况下这么说也没错，但是在这些假设背后，教练首先是普通人。我们常常会听到一个说法，教练必须要“牢牢掌控全队”，不管说什么做什么，任何时候都要受到尊重。如果出现球员顶撞教练的新闻，那么大家就会说那个球员是更衣室的毒瘤。你很少听到教练是更衣室毒瘤的说法，但是，为什么球员就一定比教练更可能祸害球队呢？事实上，权力更大的教练难道不会造成更恶劣的影响吗？教练就不会犯错？大多数人都不能理解这一点。因为球队战绩很好，我和卡尔教练相处得不错，而且互为需要。但我还是注意到，当球队顺遂的时候，教练往往将功劳占为己有，而一旦陷入麻烦，他就要找人背锅。

后来，卡尔教练出了本书，在其中诋毁了许多球员，接着那些球员索性直言不讳地说出了自己和他共事的经历。尤其是卡尔教练还在书里刻意攻击肯扬·马丁是私生子，这也反映出一些教练心胸狭窄、装腔作势，优越感太强的一面。如果你是负责管理黑人的白人，那么这样做就更加糟糕了。书里不负责的言论，使卡尔教练的声誉毁于一旦。有时我会觉得那句“人在做天在看”说得没错。

在丹佛打球的日子里，我对自己有了全新的认识，同时也更加了解篮球运动的商业概念。丹佛球市很小，远不如纽约或者洛杉矶的球队，甚至比不上费城。一旦球队薪资超过工资帽，将会对像丹佛这样的小球市带来沉重的打击。NBA 为了保持实力平衡，规定球队薪资总额不能超过限定的数额。之所以出台这项规定，就是为了约束大城市的球队或者有钱的老板，不然他们会把所有大牌球星都买过去，然后每年都赢球。但又有一条规定是，如果一支球队薪资总额超过工资帽，他们就必须交罚款，也叫奢侈税，之后这笔钱会分配给其他球队。问题是，许多球队就愿意交奢侈税，钱不是问题。这项规定就像在告诉富人，你不能比穷人花得更多，但如果你实在想要多花钱，那你就花吧。

球市好的球队当然可以这么做，而且他们依然可以盈利，因为有庞大的球迷基础和转播版权费来冲抵开销。但对于像丹佛这样的地方，球市一般，甚至连季后赛门票都卖不完，交奢侈税的影响可就太大了。如果你是掘金老板，就算你很有钱，也没有必要为了球队赢球砸下重金。对于小球市来说，赢球和挣钱往往很难兼得。只能寄希望于选秀时捞到潜力股，或者在自由市场侥幸得到一两个好球员。于是球队最后只能凑一批低薪球员，大家聚在一起勉强打比赛。

我想知道掘金制服组到底是怎么想的。他们在合同年把我交易过来，很聪明的做法。大多数球员在合同最后一年，都会更加投入，这就是人性，很正常——跟一名学生期末临阵磨枪一样。如果你本来就是好学生，当考试临近时，你稍微努力就能考个好成绩。不管如何，我敢说自己打球一直都很认真。

合同年，我整个赛季都表现得非常稳定。在 2013 年 1 月，球队开始出现一些连胜。加里纳利渐入佳境之后，我觉得球队的化学反应会越来越好，之后的事也印证了我的猜想。1 月份，我们主场 6 连胜之后输了 2 场，接着又连续赢下 9 场，包括一场加时，我们艰难赢下了拥有凯文·杜兰特、拉塞尔·威斯布鲁克的俄克拉荷马雷霆队。那场比赛中，威少投中了一记 8 米开外的远投，将比分扳平，比赛由此进入加时。在加时赛中，安德烈·米勒和“半兽人”肯尼斯·法里埃德表现出色，帮我们拿下那场胜利。

全明星赛之后，我们的状态好到爆表，在 2 月的最后一周，算上前面的比赛，我们居然连续赢下了 15 场。进入 3 月，我在卡尔教练的进攻体系下如鱼得水，数据一路飙升。全联盟都震惊于我们的表现，掘金真的有那么强吗？当然，至少我们是这么认为的。最终，我们以西部第三的成绩进入季后赛，感觉球队状态正处在巅峰期。全明星赛之后，我们完全变了一支球队，取得 24 胜 4 负战绩的同时，单赛季胜场数也创造了球队历史纪录。对于我们来说，一切似乎才刚刚开始。

然后就在 2013 年 4 月 4 日那一天，希望破灭。

常规赛第 76 场，一场没有多少意义的比赛，在一个奇怪的回合，加里纳利的前交叉韧带居然撕裂了。我们没有人相信这是真的，在那次进攻中，他杀到篮下，防守人挡在身前，于是他做了个变向动作——没有身体接触——加里纳利左脚落地，整个人摔在地上。你可以看得出来有多严重，赛后的更衣室气氛降到冰点。我们的球队原来一直很棒，本赛季超额完成任务，但是那天晚上，我们却失去了一位核心球员。

季后赛第一轮，我们碰上了金州勇士队。那年他们排在西部第六，教练是马克·杰克逊，全队在他的带领下稳步向前，拼劲十足。虽然排名第六，但他们的实力远远不止这样，况且还有库里和汤普森这对后场双子星。马克教练了解自己的队员，公开宣称在他眼中“库里和汤普森是NBA历史上射术最精湛的后场搭档”。记者们对他的言论嗤之以鼻，球迷们更是笑翻了，都认为马克教练在胡说八道。但是作为球员的我们却不这么看，马克教练对NBA的历史了如指掌，如果没有经过深思熟虑，他不会说出这番招黑的话。隐藏在话语背后的，是他对球员的支持与鼓励。马克教练承受着压力，敢于有一说一——我认为没有多少教练会对球员力挺到底。

那次系列赛我们尽力了，但比赛节奏牢牢掌握在史蒂芬·库里手中。他在外线把我们射穿了，反观我们这边，因为加里纳利缺席，球队无法用足够火力给予回应。感觉就像是，无论我们怎么努力，勇士队都能做得更好。我们拿到108分，他们就得到110分；我们攻下111分，他们就回敬115分。第二场比赛说明了一切——我们全场豁出命砍下了117分，但是那晚的勇士队毫不留情，斩获131

分。库里和汤普森全场比赛没有一次罚球，就把我们痛扁一顿。最终这轮系列赛以总比分2∶4结束，我们惨遭淘汰，没有任何机会。

一个赛季的努力，只换来如此结果。我们本不该这样，那个赛季，我们赢下了57场常规赛，是自1976年掘金加入NBA以来常规赛获胜场次最多的一个赛季。建队51年来，我们当时那套阵容可能是队史最佳。在季后赛，我打出了职业生涯最优表现，场均18分8篮板5.3助攻，还有2次抢断。但当赛季结束，进入休赛期，作为自由球员的我，必须要审视自己作为29岁的NBA职业球员，马上要开始打个人第10个赛季，还从未进过总决赛的尴尬处境。我喜欢在丹佛打球，但是我对这支队伍的前景没有信心。我看得稍微远一些，所有人的薪资我心里都有数，上个赛季我的数据不错，结合自己在这里待的一年，我大概能知道球队经济状况如何。如果他们给我一份新合同，之后又会把谁签来呢？还会留下谁？掘金是一支好球队，但未来到底能走多远呢？身处西部，马刺仍然具备统治力，雷霆就算失去哈登，看起来还是很强，勇士也追上来了。别忘了，2013年，孟菲斯灰熊队的马克·加索尔和扎克·兰多夫在季后赛有多恐怖，每支球队碰到他们都讨不到好。

于是，我选择试水自由市场。我确定有些球队会对我感兴趣，我对他们也感兴趣。

直到那年年底，我的脑海中还是不断复盘和76队的赛季揭幕战。我不知道自己到底怎么了，那天晚上的情景始终历历在目，难道是因为我当时不在状态吗？我很想赢，想向其他人证明什么。费城的球迷，道格·柯林斯，还有其他所有的不公待遇，在我脑中不断闪现。我又回想起过去的经历，当我踏上高中联赛赛场，和一群比我厉害的球员打球。记得那时的我特别想去证明自己，但是犹犹豫豫，比赛打得沉闷又缓慢。不过我也记得自己表现好的时候，在亚利桑那大学打球时，还有高中时期我和瑞奇一起对抗伊利诺伊高中的比赛，那些时刻，我感觉无拘无束，没有那么复杂。

打篮球和享受篮球之间有一些区别，后者简单纯粹，更加自由。当你完全沉浸到篮球这项运动中，尽管环境复杂，气氛紧张，但有时候，我不知道怎么准确表达，就像有一束光，让你豁然开朗。史蒂夫·赫斯做到了，威尔森·钱德勒也告诉我要寻求一种精神力量。在费城打球的最后几年，我多次陷入自我否定当中。在丹佛，有些瞬间我仿佛觉醒了，但球队实力不足以在季后赛走得更远，也没能达到我的预期。我有一种很强烈的预感，下一份合同将是我职业生涯的最后一份合同。我在 NBA 打了 10 年球，也不是一帆风顺。现在打球挣的钱，来得快去得也快，我不希望因为以前不愉快的经历影响接下来的赛季。我要赢球，也许不只是赢球，还要享受篮球。

又一次，我需要重新启程前往远方。

7

找到节奏

如果说成为非限制性球员，就像摘下枷锁，恐怕没有太多人会同意这个说法。但我确实是这么想的，因为球队跟你没有任何关系了。如果是限制性球员，虽然你可以和其他队接触，但是你的主队握有优先续约权。当其他球队报价，主队觉得可以匹配，就能续签你。但是作为非限制性球员，你想去哪里都可以。

每次想到自由市场，我都会联想起柯特·弗拉德。这位入选过两届全明星的黑人棒球运动员，牺牲个人生涯换来权利，让现在像我这样的球员，在去哪里打球这件事上拥有了话语权。弗拉德打球的时候，美国职业棒球大联盟有一个保留条款，规定不管球员合同是否到期，不论本人愿不愿意，球队都将终生享有这位球员的管理权，可以把他交易到任何地方。结果，1963 年弗拉德从圣路易斯被交易到费城。因为觉得那支队太烂了，球迷还有种族歧视，他拒绝前往。他给棒球联盟的组委会写信反对这个条款，导致再也没有球队给他合同。

弗拉德在 1969 年的那封信里写道："在职业棒球大联盟打了 12

年球，我不觉得自己是一件可以被卖来卖去的商品。我确信，这种条款已经侵犯了我作为公民的基本权利，也与美国和其他一些国家的法律相悖。”弗拉德接着表示，他有权根据其他球队的报价做出决定。这个提议在当时简直闻所未闻，出乎所有人的意料。

弗拉德控告职业棒球大联盟，提到合同等同于“卖身契”，这违背了反垄断法。1972 年，官司一路打到最高法院。最终，弗拉德以 3 票比 5 票败诉，被体育界列入了黑名单（一名法官不得不回避，因为他拥有红雀队的部分股权）。他的队友披露，弗拉德一天会收到四五次来自球迷的死亡威胁，责怪他想毁掉比赛。弗拉德拒绝去费城报到后，只打了 13 场职业比赛，但他带来的影响是深远的。1975 年，职业棒球大联盟合同仲裁委员会委员彼得·塞茨指出，有两名投手合同到期后又打了一年球，他们理应成为自由球员。这项决议等同于撤下保留条款，彻底打开了自由球员市场。

受益于柯特·弗拉德挑战权威和他为此做出的牺牲，现在大家都能接受球员在雇佣关系中扮演重要角色，我认为人们不应该忘记这件事。2012 年，我进入自由球员市场。那年有些反常。以前每个休赛期，都会有一批球员成为最抢手的交易热门，他们的决定也将影响余下的人。那一年，德怀特·霍华德就是这样的球员。所以我一直等他做决定，因为这会产生多米诺效应。那天正好是 6 月 1 日，官方规定自由市场打开的日子。大清早，我要在洛杉矶经纪人的办公室里不断和球队的制服组见面，包括达拉斯小牛、新奥尔良黄蜂（2013 年 1 月改名为鹈鹕）、丹佛掘金、底特律活塞和金州勇士等球队的人。我首先见了萨克拉门托国王的人，5 分钟不到他们就答应给我一份合同。他们不想浪费时间，也不希望我和别的球队见面，他们很直接地表示国王队非常需要我的加盟。我感觉不错，不过他们让我在自由市场开始后 5 分钟内做决定，这不可能。“我非常感谢你们的热情邀请，但是我必须要对比所有球队的报价”。我这么告诉他们。他们不情愿地让我在晚上 12 点前做决定，这让我感到很不舒服。我很清楚在这个联盟里，事情瞬息万变，牵一发而动全身。我对他们说谢谢，我不能在所有可能的情况都出现之前，贸然答应他们。尽管这已经是我收到过的最大合同了，直到我的生涯转折点出现。

接着，勇士队代表们走进来，主教练马克·杰克逊、总经理鲍勃·迈尔斯、老板乔·拉科布和他的儿子柯克·拉科布，还有一些工作人员。我认为没必要过分寒暄或者客套，勇士队是我的第一选择，强装扭捏不是我的风格。我不想只为赚钱打球，而是想前往一个最适合我的环境里去。我告诉他们：“我非常了解你们，别给我画饼了。我们要做的，就是讨论如何把这事办成。如果不行，我仍然非常尊敬你们所有人和勇士这支球队。我对你们的团队文化很感兴趣，也想在马克教练麾下打球，因为我很喜欢他的执教风格。”

在上个赛季和勇士队交手的系列赛中，我发现了一些关键点，马克教练手下的球员打球都很有信心，这在联盟中并不常见。我过去曾和那么多教练合作过，他们有的会放纵球员在场上乱打，结果绝对是灾难；另一些教练则会严格约束你，限制每一个回合的打法，否则就批评你做错了什么，使你即便持球也感觉自己不在比赛的节奏中。但是当我看到马克教练执教，发现他可以很好地掌握这个平衡。他会鼓励球员观察场上变化，放松下来，按自己的节奏打球。马克教练让球员全力付出，这就意味着在他手下打球的球员貌似都能把自身潜力发挥到极致。他最喜欢的一句话就是，“听我的，如果你在这里得不到大合同，你在别的地方也会得到的”。一方面，打球确实是为了赚钱——谁不喜欢钱？但另一方面，更深入一些，是教练的心理暗示，他将你视为职业球员、成年人，并优先考虑你的职业生涯。他非常尊重你的付出，不只作为一个人，也作为一个成年人、一名职业球员的付出。

马克·杰克逊就是能让你不仅打得更好，而且心里还感觉特舒服。

那次会面，勇士队制服组也很直接，先是赞赏我的坦率和想加入勇士的决心，但是他们也感到有些不可思议。勇士队暂时没有足够的薪资空间吃下我的合同，他们得想想怎么操作，但是从实际情况看，难度比较大。从那次交流中我感觉自己应该去不了勇士队，另一边，达拉斯小牛队获得先机。那周快结束的时候，我的经纪人佩林卡和小牛队老板马克·库班敲定了一份合同，我都准备在达拉斯和沃斯堡附近租房子，静候官宣了。合同即将达成时，小牛队还在等待德怀特·霍华德的决定，因为那将会影响整个联盟的球员动向。例如霍华德去了某队，那支球队就得交易球员腾出薪资空间。整个球员市场注意力都集中在霍华德身上，他应该在周五，也就是

6月5日做出决定，届时我就知道达拉斯小牛将怎么选择了。

周五过去，霍华德依然没有做出决定。他声称需要利用周末两天好好考虑一下，在下周一宣布最后决定，所以大家只能耐心等待。这意味着大批球员都得等到下周一（6月8日）才能知道自己最终会去哪里。那时我待在洛杉矶，无聊又焦虑，只能等待这事了结。当我焦虑时会去球馆训练，那段时间我就是这么做的。我的76人前队友埃文·特纳当时也在洛杉矶，我问他愿不愿意一起训练，大家反正都在等待这事尘埃落定。他答应了，和以前一样。周一早上8点新情况出现时，我们两个还泡在球馆。

训练后我们用过早餐，佩林卡便给我打来电话。出乎意料，霍华德的犹豫不决恰恰给了勇士队进行下一步操作的时间。他们无法在不超过工资帽的情况下签我，于是他们选择和掘金队先签后换。掘金队知道我不会续约，如果放任我在自由市场签约，那就意味着他们什么都得不到。所以，他们同意和勇士队采取先签后换的方法，掘金队先与我续约，然后再把我交易到勇士队。对勇士队来说，他们没有超过工资帽，我也能如愿以偿，这是一个双赢的办法。掘金队既然无法把我留在丹佛，最好的结果也就是现在这样，用我换来一些球员。

交易发生当天，我和一位掘金队高管在洛杉矶聊到这事。他对此感到惊讶，直言不讳地问我：“你竟然去另一支队拿更低的工资？”从理论上来讲，确实如此。金州勇士只给我4年4800万美元的合同，丹佛掘金则能提供差不多5年5700万美元的合同，不过第 5 年只有部分保障，球队可以随时裁掉我。我试想了一下，职业生涯第 15 个赛季，为一支中等实力的球队打球，还有可能随时被踢走，这顿时让我没了签约的心情。我向高管解释，我这么做不是因为钱，而是想好好打球，打好比赛。掘金队的一系列操作我看在眼里，伤在心上，我想加入一支与自己篮球理念相同、让我可以明显看到他们的追求，也能让自己开心打球的球队，我做得不对吗？考特·弗拉德的牺牲难道不正是为了让我们有所选择吗？

没有人带着敌意看待这件事，但我还是明显感觉到，那个夏天过后，掘金队管理层的一些人和我的关系变得有些僵。我总是在婚礼、会议或者慈善活动现场看到他们，双方的互动不一样了。以前我们会拥抱和漫谈，现在只是点点头，就转身喝酒去了。这在意料之外，也在情理之中。在费城，我一直受交易流言困扰。早上醒来，去训练的路上，我会听到收音机里说球队在想办法交易我，他们告诉我“你要明白，一切都是生意，其他都是走个过场而已，不针对你个人”。我听进去了。直到那个夏天，我才真正明白怎么回事，当球队想交易球员时，一切都是生意，但如果球员想跳槽，那就不是生意而是背叛了。

大概在训练营开营前一个月，我抵达湾区，和勇士队友们合练。这是马克教练的主意，在轻松的氛围下，让大家打打球，顺便互相了解。不过我觉得也不太轻松，巴恩斯几乎要杀了我。他会肘击我的胸部，每回合都跟拼命似的。那只是巴恩斯的第二个赛季，而新来的我正好和他打一个位置。他看得到写在墙上的阵容安排，所以也不想轻易认输。他这么做，也让我有些兴奋，很高兴看到这里的球员没有混日子，都想拼尽全力留在队里。从那以后，巴恩斯成了我在联盟里最好的朋友之一。

在训练营练了一段时间后，我强烈感觉到，这支球队比我预想中好得多。气氛宽严相济，你也可以说是“职业化”。大概入营一周后，发生了一件事，以至于我后来每次介绍球队的时候都会提及。当时我们正在做些简单的训练，记不清具体是什么项目了，助理教练皮特·迈尔斯突然向我走过来大喊：“安德烈，你在搞什么？这不是你的风格！你知道自己该怎么做！”我吓了一跳，已经很久没有教练冲我大喊了。我本应该是这支球队休赛季的重要引援，但现在这家伙居然像吼新秀一样来吼我。

我欣然接受，并对这支球队肃然起敬。这件事告诉我，不管你是谁，只要在勇士队，就得按标准努力训练。那时我突然意识到，这支队已经准备好进入下一个阶段了。通常来说，如果你特别留意，会发现一般球队在对待球员时，会根据合同大小区别对待。这也说得通，潜意识里，大家似乎都认为大牌球员可以凌驾于球队之上。但在勇士队这里，情况不太一样，每个人都是篮球运动员，也都是学生，都在从事篮球这项运动。

这不过是我喜欢在湾区打球的众多原因之一。在这里打球，对我来说很新鲜，大多数球员都不知道甲骨文球馆原来在奥克兰。如果你来打客场，坐飞机到旧金山，住宿和训练都是在那边，然后坐上大巴，跨桥来到奥克兰，心思都放在赛前准备上，那一定不会注意到，自己原来已经从一个城市跑到另一个城市。如果你有时间，可能想去恶魔岛（阿尔卡特拉兹岛，美国旧金山的头号景点，曾是联邦监狱所在地，也是一个野生动物乐园）转转，或者去旧金山附近景点也行，因为在奥克兰确实待不了多长时间。但作为勇士队球员则完全不同，甲骨文球馆就是我们的家。

在国内，只有几座球馆跟甲骨文球馆类似。大部分城市的主队球馆，都是一座多功能巨型建筑。芝加哥的联合中心就是一座外形宏伟，内里深邃的建筑，场地气温很低，因为NBA总是和冰球赛季重叠。费城的富国中心和迈阿密的美航球馆也都建得非常宏伟，而洛杉矶的斯台普斯中心简直是一座娱乐城。这些场馆让人感觉像是一座音乐厅，你只是恰好过来打一场篮球赛。但在美国，有几座球馆很像样，一看就是专业篮球馆。波特兰和印第安纳的球馆，还有纽约的麦迪逊广场花园——山呼海啸的球迷就坐在你面前，给人感觉像是在打一场高中或者大学的比赛。在这些地方打球，身上就像带电一样，场馆仿佛对球员施加了魔法，全场两万多名球迷的能量都汇集到场内。甲骨文球馆就是这样的专业球馆。

就算远道而来的客队，也能感受到甲骨文球馆的特别之处。不管当年球队战绩如何，这里的门票总是供不应求。随便一场比赛，比如常规赛尾声某场无关紧要的比赛，球迷们依旧会像在看西部决赛抢七那样高声呐喊。球迷有一种特别的呼喊方式“勇——士——勇——士！”的尾声拖得很长，仿佛从观众席喷涌而出，又从天花板倾泻而下，回荡在球馆里，浑厚悠长，就像夜深人静时朝你扑面而来一样。我爱死这些呐喊声了，让我浑身有力。球迷甚至从热身的时候就开始呼喊，放眼整个NBA，这里的球迷声浪是最强的。就连客队球员听到这声音，也会起鸡皮疙瘩，想要打出一场漂亮比赛回馈热心球迷，以表示对他们的尊重。

你经常会听到这种说法，甲骨文球馆的球迷都很懂篮球。这是真的。特别是看过唐·尼尔森和马克·杰克逊打球的老球迷，他们对比赛理解得很透彻。在裁判响哨的瞬间，球迷就知道因为什么了。有些城市的球迷可能在当时不太了解场上情况，直到大屏幕回放，他们才恍然大悟。而勇士队的球迷跟纽约和印第安纳的球迷很像，瞬间就明白场上发生了什么。有时候一个回合还没结束，球员一记漂亮的胯下运球或者绝妙传球就能立即迎来满堂喝彩。在其它地方，你会发现有些球迷只是单纯来看强队表演，感受现场氛围的。但在奥克兰，无论何时，大多数球迷出现在看台上，是因为他们热爱这项运动，渴望看到球队打出高水平的比赛。

所以，当我成为这支球队的一员，就对在这里比赛充满敬意。敬意不仅来自于球馆环境，还因为我是勇士队的一份子，有很好的教练执教。勇士队的篮球文化，其实就是彼此信任。作为新成员，要想获得这种信任，说起来也很简单，只要你全身心地投入比赛，打出自己的应有水平，以成年人和职业球员的形象赢得所有人尊重即可，其他的事情根本不用考虑。

勇士队的球员确实做到了这一点，马克·杰克逊也是。他会毫无保留地支持球员。我在场上有时候不想出手，这时马克教练就会把我拉到一旁叮嘱我，“拜托老弟，我可不是让你在场上传球的，不出手可不行，多得分，强硬防守，那才是你！”他的这种态度给了我们极大的鼓舞和信心。直到今天，我依然认为，如果不是因为马克教练的这种态度，库里和汤普森就不会成为现象级球员。当比赛激烈时，他鼓励你；犯错了，他给你指导。在球迷还不知道库里和汤普森是何许人也的时候，马克教练就确信他们会成为日后的“水花兄弟”。他让他们相信，即使暂时没有人能预见到他们的未来，但他们自己要心里有数。马克教练让他们发掘出自己最大的潜力。

我记得有一次球队开会，马克教练告诉库里：“我不在乎你失误多少次，尽管球迷总会谈论失误，但我不在乎。我认为，你是这个联盟最好的控球后卫，也是全明星球员。这支球队中，你是老大，你想怎么做都行。”马克教练是在所有队员面前说的这些话，所以有其特殊意义。他并没有选择把库里拉到一旁，像其他一些教练那样私下鼓励球员。他在所有人面前把想法说出来，是因为他相信库里能带领大家一起前进。“库里，如果对面的控球后卫找你麻烦，我允许你反击，比赛输了算我的。”大多数球员可能不会接受这种说法，他们也许会觉得，“老兄，这个教练有病吧，居然允许队员在场上随性而为？”但我觉得这种处理方式不错，会让球队的控球后卫有不一般的感受。

总体来说，那一年球队状态不错，但马克教练和球队管理层的关系却很糟糕。我不知道到底发生了什么，很多球员都感觉很别扭。我们喜欢马克教练，管理层做得也不错，所以我们不知道该怎么判断。当矛盾愈演愈烈，我们想支持马克教练，就像他日复一日地支持我们一样。所以面对媒体时，我们的态度很明确——支持我们的教练。

随着赛季不断深入，我们的球队伤兵满营。年初的时候，我的大腿后侧肌群拉伤，错过了一些比赛。安德鲁·博古特肋骨受伤，季后赛没打。伤病成了球队的大问题，因为那年我们的板凳深度一般。如果你仔细观察就会发现，从我来到这支球队开始，我们季后赛只输过两轮，而这两轮比赛博古特都不在。他在球队扮演的角色实际上比大家想象中重要得多。

马克教练充分利用残阵，以前所未有的方式，将强硬防守和流畅进攻结合在一起，但最后还是功亏一篑。在季后赛中，博古特的缺阵对球队影响太大了，我们防不住对面的德安德鲁·乔丹、布莱克·格里芬和其他大个子。克里斯·保罗那时仍然是全联盟最好的控球后卫，而库里还需要更多历练才能释放他所有的潜力。我们拼尽全力把快船逼到抢七，但最后还是在客场输了5分，从而倒在季后赛的第一轮。

赛季结束后，大家开总结会议。我和马克教练邻座，我告诉他非常感谢他所做的一切，我真觉得球队距离伟大只差最后一步。我们随后聊起了我休赛期的打算，我对他说要接受手术。他有点担心："安德烈，别做剧烈运动了，你的身体已经透支，需要好好休息才能彻底康复。下个赛季球队会变得完全不一样的，咱们拭目以待吧。”

向他道谢告别后我就离开了。但只过了几个小时，我就在推特上看到他被球队解雇的消息。这个行业就是这样果决，我来不及反应，因为还得为下周的手术做准备，需要提前办手续。身边的教练来来去去，职业体育就是如此。一切都和时钟捆绑在一起，分秒必争，来不及沉淀，更不能对发生的事有太多悲悯之心。大家总会迎来继任者，让一切如初。整个赛季，马克教练都很好地扮演着我们的导师和领袖角色，而两天后，便是一个新的起点，我们不得不欢迎下一位教练。在我职业生涯的第 12 年，将要迎来第 8 个教练。我知道该怎么做，也唯有尽量保持乐观。

如果你拿枪指着我的头，或者给我 100 万美元，说实话，我还是想不起来第一次和史蒂夫·科尔见面的细节。他外表冷酷，平淡无奇，甚至和他坐一桌吃饭，你都很难注意到他。但是他很敏锐，总能观察到一些细节。知道什么时候该说话，什么时候做忠实听众。科尔和我的篮球理念一致，因为我们都是鲁特·奥尔森的学生，所以看待篮球的方式相同。比赛中，只可意会不可言传的事情，科尔都能发现。他注意到我还是太依赖单打，如果在全队快速转移球的进攻方式下，我会是格格不入的一环。

科尔品性良好，做事稳健，自动自发。他就是他，不会因任何事、任何压力或者批评、任何的诽谤和诋毁而改变。

当科尔来到勇士队时，我们已经是全联盟防守最好的球队。马克教练已经把我们调教好，科尔也正好不是那种为了改变而改变的教练。他看清我们队的优势后，便选择萧规曹随。他从不大吼大叫，跟勇士队管理层一样，相信并尊重大家都是职业球员，同时也是成年人。所以，他不需要靠叫喊逼迫某个球员努力训练。如果一个球员不努力，他会让球员自己意识到问题所在，其他人也会察觉到这件事。他会以此作为激励球员的动力，如果没有效果，那么这个球员就会把板凳坐穿。事情就是这么简单。

当你回顾篮球历史，会发现科尔的执教风格是划时代的。在这项运动兴起的前30年，教练就是联盟里最有权势的人。因为20世纪五六十年代球队流行军事化管理。UCLA（加州大学洛杉矶分校）的传奇教练约翰·伍登，也许在执教心理学上最有发言权。他会狠抓每个细节，强调纪律性和荣誉感。他再三强调运动员真正的工作，不是为了赢球，而是把握每个机会，全力以赴，让身边的人变得更好。因为伍登教练的团队荣誉等身，所以他的话格外有分量。他带领UCLA棕熊队获得过10次全国冠军，取得如此殊荣，应该是前无古人，后无来者。从他的球队走出的卡里姆·阿卜杜·贾巴尔、盖尔·古德里奇、比尔·沃顿，还有贾马尔·威尔克斯，都是名人堂球员。在联盟中，无论是否和伍登教练共事过，许多教练和球员都深受他的影响，极力模仿他的篮球思维。而这些年来，有极少数超级巨星可以自己掌控比赛。在某种程度上，这种现象破坏了球员和教练的传统相处模式，许多人认为对比赛不利。大家的普遍看法是，不管球员多么不可替代，或者多有天赋，都要始终对教练充满敬畏。

回到20世纪七八十年代，你会发现球星逐渐开始冒尖，他们凭借自身实力变成名人，但就算是当时最有名气的“魔术师”约翰逊和“大鸟”伯德，也只会以出色的团队合作而广受褒奖，这种风气对于NBA来说很重要。直到20世纪80年代末，比赛还是以录播方式呈现在大家面前，没有多少人在乎是否要看直播。于是，联盟开始用“魔术师”约翰逊和“大鸟”伯德作为招牌，希望能吸引更多观众关注，让他们对篮球比赛产生兴趣。这项运动开始出现了一些标签——谦逊的态度，良好的球风，观赏性强，球员亲和——使NBA、大学或者高中的篮球教练可以更有底气，好像在说“看到没？要想赢得比赛，就得这么做！”

但到20世纪90年代，事情变了风向。在经济和文化层面，许多变化接踵而来，导致球员拥有越来越多的话语权。至少在愿意花钱看球的球迷眼中，球员比教练要重要得多。从乔丹开始，他的名字不仅成了一个品牌，还随着说唱文化逐渐渗透，加上球鞋爱好者的偏爱，跻身了主流文化圈。大众对他的认知，逐渐从篮球品牌往潮流生活品牌过渡。随着阿伦·艾弗森、特雷西·麦克格雷迪、文斯·卡特、沙奎·奥尼尔和科比·布莱恩特出现，他们的拼搏精神使自己名扬天下，也带来了高昂的球鞋合同和商业代言，这种收入远远高于联盟支付给他们的薪水。20世纪90年代后期，天平愈发倾向球员，许多教练似乎成了明星球员身边的配角。那个时期的教练逐渐意识到，自己不但要给球队排兵布阵，还得知道如何管理球队中的超级明星。

科尔则是另外一种教练。他在公牛队和迈克尔·乔丹做过队友，在菲尔·杰克逊麾下效力，知道如何管理球队中的超级明星。而他为鲁特·奥尔森打球，又和格雷格·波波维奇共过事，所以特别看重纪律性，有些学院派风格。他能同时将两种管理方式融合在一起，演化成一种既直接又能赢得信任的方式。

“安德烈，我只希望你每天在这里打球时，都是心情愉悦的。你们都喜欢篮球，我知道你也乐在其中。你是球队的领袖，库里也是。我能做的，就是让大家在最舒服的位置上，发现我们的优点，然后强化它。如果我们一直这么强，那么未来 6 到 7 年内球队都会处于巅峰。”科尔教练就是如此自信，“你们都是伟大的球员。我知道球队的实力，要超越极限，我们只需要再注重一些细节就行。”

那一年，当我出现在训练营的时候，我的膝部仍未完全康复。似乎每个休赛季我都在和膝部伤势做斗争，那年也一样。由于夏天我花了大量时间进行康复，所以运动状态并没有那么理想，但我还是想咬牙坚持一下，让自己回到以前的状态。伤病不能太急，但周遭环境总是会逼迫你这么做。那个夏天我没有太勉强自己，但对于训练营结束以后的比赛充满期待，畅想着第二个赛季大家能走多远。我和队友的配合更加默契，而且我意识到，队友都是现象级神射手。我对他们完全信任，只要我把球传出去，很可能会进筐。不过我的进攻机会就随之变得越来越少。科尔教练倡导的理念是大量外线投射，现在我们的外线投射比以前的比重更大。这也意味着，我需要在比赛中更加合理地处理球，不能一味按照自己的想法来。

我发现自己需要更好地阅读比赛，知道哪些队友处在空位，何时快何时慢，心里要有数。随着训练营的进行，我的状态渐入佳境，投得更准，打法更聪明，脚步也更轻快。于是，训练营的最后一天，科尔教练走过来告诉我：

“安德烈，你打得真棒，你为自己赢得了球队首发球员的位置……”

我预感到，他之所以会特意过来告诉我这事，后面应该有个“但是”。

“但是，我认为对球队而言，你能打替补是最好的选择。如果替补球员里面没有你，我们的第二阵容就无法延续状态。”

那时，在我的NBA生涯中，还从未打过替补。我的脑海中闪过无数种可能，他真认为我获得了球队首发位置吗？还是说，他只是换种说法，委婉地告诉我应该打替补？我的篮球生涯要走到末期了吗？我尽量不往这个方面想，但是每个球员都知道，从首发变为替补，球员生涯就进入倒计时了，这个速度比想象中快得多。听起来我似乎在自己吓自己，或许对那些坐在家里，随意批评球员不想打替补的人来说无足轻重，但前提是大家得知道NBA的竞争有多激烈。从小时候开始，7岁、8岁、9岁，球队就让你打首发，然后你就习以为常了。随着你日渐成熟，首发成了你的标签，你也理所当然地占据着比赛中的位置。打个比方，如果你是记者，一辈子都从事这一行。11年后，有人过来告诉你说“我们希望你能一直写文章，但我们想署别人的名字”。你可以反对，但别人会告诉你，

“这是因为你的文章写得太好了”。这简直强词夺理嘛!

你习惯了待在舒适区，想要改变是很难的。

但我必须要相信科尔教练，必须相信勇士队的安排。我和他对于比赛的理念一样，如果他觉得我打第二阵容，球队会变更好，那我理应相信他。而且我知道，不管我怎么想，争执绝对不是一个正确的解决方式，只会让球队变得糟糕。

作为替补球员，跟打首发的感觉实在是大相径庭，我花了一个赛季去适应这种改变。当你首发出场时，比赛有点像在你的掌控之中。面对不同的球员和球队，比赛的节奏都不太一样，对于首发球员来说，可以在开场的两分钟内快速适应，根据场上情况做出调整。但如果替补上场，感觉就像被突然扔到场上一样，不得不被动应变，这并不是我习惯的打球方式。我也不知道该怎么做。赛季开始后，我可能面临更多的麻烦。

但是科尔教练对我有更多的期待，每次他让我上场时，都会对我说同样的话，“安德烈，找到比赛的节奏”。我明白他的意思，让球运转起来，流畅起来，特别是当我们落后的时候，球队需要找到自己的节奏。我以前还以为自己上场专心得分就行，实际上我是来发现球队问题的。我的任务就是找到问题，串联球队。当球传导起来，问题就迎刃而解了。

生活中的朋友、家人都不理解我为何甘愿打替补。负责商业运作的伙伴鲁迪也一直和我争论这件事，他认为我缺乏自信。我最好的朋友，同时也是篮球训练师的蒂雷尔，我从进入 NBA 起就开始跟他合作了。他说朋友都给他发短信，“你说过安德烈很不错，看看吧，他都沦为替补了，完蛋了”。我知道他们如此评价我的原因。在我此前效力的两支球队中，我只要做好自己的事就行，海报和其他宣传画中，我向来在C位，说明我是球队的老大，也给我带来商业合作和更多知名度。而在勇士队打替补，我有可能上场24分钟只能得到4分3助攻这样的惨淡数据。

同意打替补是一回事，等到真打起来，一场接一场，就是另外一回事了。如果打得不错，我会感觉得到。比赛中我很专注，总在正确的位置出现，打得很合理，球队会赢得比赛。但我还是感觉有些别扭，有时全场只出手一次让我感到沮丧。但问题是，在这样的安排下我们确实在赢球。那个赛季，我们圣诞节前的战绩是22胜3负。当球队保持赢球势头时，大家都很惬意，没有人会站出来抱怨。比赛时我会站在场边，激动地上蹿下跳为队友加油助威，但内心却很纠结。不全是因为我的出手次数少，某几个晚上我会想着，“拜托老兄，让我接球，等我吸引包夹后再传给你吧”。

我可以成功地帮球队找到进攻的节奏，但是自己却乱套了。有时候我明明有出手的机会，但我知道，球队之前已经连续好几个回合只传了一次就仓促出手，所以现在我得让球运转起来。于是，我又把球传出去。渐渐地，我无法同时兼顾个人和球队的比赛节奏，两者根本不在一个频率上。有些比赛的中场休息时，我会带着特别糟糕的心情进入更衣室。我在场上的存在感越来越低，在攻防转换间我都能感受到。如果这不是我的最后一份合同呢？如果我来到金州勇士队，最终变成了一名平庸的球员呢？我知道这样想没有用，但自己就是控制不住，因为这是人性。为了篮球，我付出太多，得不到想要的，就会使自己愈发不安，变得狭隘。所以再回到以前的那个问题，多少钱能让你舍弃你的髋关节？当你为了比赛倾尽所有，当你知道以后走路都会伴随疼痛时，你会迫切地想要搞清楚，这么做得到的回报是什么。能戴上总冠军戒指确实很棒，但从长远来看，拥有最大的经济保障才是更重要的事。

不过就算我的内心很纠结，但现在显然不是在球队更衣室里抱怨的时候。科尔教练努力让一切运转起来，我接受他的执教理念。我们常规赛最终战绩是67胜15负，史上最佳之一。但是我始终不在自己的最好状态，渴望在进攻端贡献更多。直到赛季要结束的时候，我逐渐意识到事情好的一面——带领第二阵容打球，掌握攻防转换的节奏，让我对进攻的位置有了更清晰的认识，也明白了怎样做才能对球队更有利。我似乎悟出“少即是多”这句老话的真正含义。

不只是在我身上，在队友身上我也能感受到这句老话的意义。我来到勇士队的时候，库里正在努力重返巅峰。许多人都忘记库里进入NBA的前几年都在受伤病困扰，当时大家都认为他无法长时间保持最佳状态。但是他就这么悄无声息地完成了蜕变，改进了使用身体和打球的方式。他以“史蒂芬·库里式”的方法，凭借自己的自律和意志力做到了这一切。当然，还有他无法被旁人企及的投篮天赋。

我在篮球界或者其他领域，没见过几个像库里这样的人，和大家说的一样，库里是个非常优秀的家伙。他出生于一个不错的篮球世家，他的老爸戴尔·库里在NBA征战多年，悉心抚养孩子长大。在库里的心中没有“自私”二字，他极其好胜，但同时也非常谦逊和真诚。不过，一起打球的这些年，他给我印象最深刻的，就是在运动方面的过人天赋。这家伙几乎擅长任何体育项目。和他一起打高尔夫球很无聊，因为他打出的每一杆都又远又直，并且推杆精准，从第一个洞开始你就已经输了。无论什么体育项目，他都具有压倒性优势。一起扔飞镖，他可以连续三次射中20分区域；赛季中，我们曾经举办过一次乒乓球赛消磨时光，不用想，又是库里打遍全队无敌手；还有一次，教练组把我们带到棒球场，让大家打棒球放松。库里作为投手时，他的投掷又狠又准，能直接得分。而当他改打击球手时，又能轻松取胜。那天他两次击出全垒打，老天，他明明不是职业棒球运动员。在和我一起打过球的人里，也许只有阿伦·艾弗森的运动天赋能和库里相提并论。

总之，我和勇士队友相处得不错，与以前效力过的球队差不太多。很多球员都会说，自己和所有队友都处得不错，但在勇士队，这是真的。这里的每个球员都很特别，球队氛围非常好，大家享受在一起的时光。举个例子，真正把“自由”二字嵌入灵魂的克莱·汤普森——用“悠闲”形容他太浅白了。他从不惹麻烦，总是很合群。他是世界上最好相处的人之一，他的爸爸迈克尔·汤普森曾经在湖人和“魔术师”约翰逊、贾巴尔、詹姆斯·沃西做过队友。你可以看得出来，他的家境优越，受过良好教育。他爸爸来自悠闲的巴哈马群岛，所以把地域基因传给了他。他风趣幽默，喜欢开玩笑，愿意和朋友共处。

但就像每一位职业球员那样，克莱也有另外一面。对阵萨克拉门托国王队，我曾在场边见证他单节37分的表现，尽管创造纪录的数据令人难以置信，但发生在克莱身上，似乎也说得通。他和库里一样，能忘记20秒前发生了什么，然后便在比赛中爆发，这绝对是投手的一项重要素质。比赛中，克莱可以莫名其妙的在上半场7中0，但他无视这些，库里也一样。对他们这样的投手来说，投丢没关系——他们永远只在意下一次出手，这绝对是一项不寻常的技能。大多数球员都很难不受干扰，也包括我。如果我连续投丢3记三分球，我基本不会在剩余的比赛中继续投三分了，我可不想把自己的三分命中率降到零。但是克莱不在乎这些，他会一直出手，直到找回手感，通常他的手感都会回暖的。所以他和库里经常会连续投失很多球，但接下来却能连中10到12记投篮。他们的精神高度集中，不达目的誓不罢休。

当球员进入比赛状态时，许多人会用“旁若无人”来描述他。以我对克莱的观察，这样的形容非常准确。克莱的注意力像激光一样聚焦，仿佛周围事物全都归零。作为球员，我有时候对此会感到很惊讶，我在场上的任务就是去阅读比赛，掌控局面。从接球那刻开始，就要时刻注意身边的情况，知道每个队友的位置所在，谁在空切，还有多少进攻时间，每个球员身背几次犯规，全队单节共计几次，所以我必然注意到自己3投0中。而克莱不同，他注意力高度集中，除了篮筐什么也看不见。有时候，我们落后2分，时间充裕，他还直接在三分线外10英尺（约合3.048米）的位置出手。我马上大声提醒他：“克莱，你刚过半场啊！”他向来无视距离，只对自己的出手充满自信。

有一次，勇士队举办团建活动，想让大家体验团队成功与自己的关系，以及我们要如何对待“失败”。每个人都得回答比赛中最喜欢的时刻、哪一刻感觉自己最兴奋等问题，并观察自己谈起这些时心境有什么变化。轮到克莱回答时，我们都以为他会说单节37分是最兴奋的时刻，因为在我看来那可是难以刷新的NBA纪录啊！但克莱并没有提及这事，他说的是“有一天晚上，我接到传球，差不多距离篮筐还有50英尺（约合15.24米），准备出手时，安德烈突然冲我大喊‘克莱，搞什么鬼，你距离50英尺啊！’我思考了大概1秒钟，仍然出手，球进了，我那时好想对他说‘进了吧？安德烈，去你的’。这就是我最喜欢的时刻。”大家都笑了起来。我问，“哇，老弟，你真的这么想？”但克莱就是这样，他相信自己是全世界最好的投手，永远不会失手。我理解他的这种心态，没什么错。他和库里都来自普通大学，都被球探低估过，所以需要证明自己，最终他们成为历史级别的投手，绝对不是巧合。

我们队的球员极其热爱比赛，也许其中最大的原因是大家都曾被人低估过，想向全世界证明自己属于这里。大家或多或少都有点这种想法，尤其是德拉蒙德·格林，他绝对是球队的核心和攻防中枢。球员们的成长背景形形色色。有像库里和克莱出身优越，父母双全的篮球世家，从小便耳濡目染。还有的球员家境贫寒，但身边人都认为他们可以凭借打球离开贫民区，成为亲人的救世主。所以亲人甘心为他们做出牺牲，呵护他们，把他们送进学校，宁可花钱也要让他们走得更远。但像格林这样的球员，从没被人看好，家境跟优越也不沾边，他不得不独自前行。所以尽力故作强硬，因为他本不属于这里。

关于格林，令人印象最深刻的当属他在场上的警觉性。我听过有的球迷指责他在比赛中不带脑子，真是太荒谬了。他可能是我见到过的最聪明、最专注的球员了。他的比赛境界处于另一个层次，像球场上的大师。格林能记住对方 4 年前跑过的战术，然后在 30 秒内给你完整演示出来——是的，他记得自己球队的战术，也记得其他球队的战术。对方刚刚启动，他马上就可以说出他们要打什么战术。根据后卫的站位和中锋切入的方向，他就能识破对手的意图。仿佛他的脑海中藏着一个资料库，各种影像资料随取随用。

格林在贫民区长大，但你可以感觉到，那里的环境使他成为更加敏感、专注的人。他时刻注意场上的变化，还有与 NBA 有关的商业信息。他了解每位球员的背景，工资多少，合同什么时候到期，何时进入自由市场。他还关注大学联赛，知道哪些球员有潜力，将来可能会去哪支球队。他享受 NBA 的一切。有一些人做职业球员只是为了名利，我觉得格林不是这样，他在享受着联盟里的生活，因为他始终知道自己来自哪里，历经千辛万苦才站在这里，倾其所有，才能收获用努力换来的果实。他付出了一切，才让自己和亲人过上好日子，对此他感到自豪。

我们知道许多球迷特别讨厌格林，他在大家心目中就是NBA的坏小子，对此我们深表理解。没有人是完美的，他的确有些出格动作，但这并不影响他的优秀和努力。格林总是敬畏比赛，知道为了胜利需要付出什么。他会偶尔不按常理出牌吗？当然会，但是他从来没想过要伤害球队，只是一心渴望胜利，仅此而已。外界总想知道我们对格林的态度如何，对此，我们只能说，“老兄，他是我们的兄弟诶！”当然，大家时常也会对兄弟的行为感到沮丧，但对他的尊敬和爱，是永远不变的。队友就像家人一样，彼此间会有摩擦。当克莱在最后10秒我们还领先三分的时候，在距离篮下50英尺（约合15.24米）外投篮时，当库里随意传出那些球时，当后来加入的凯文·杜兰特过于在乎球迷的想法时，我们都会感到沮丧。还有我，当我进攻欲望不强时，他们也会很难受。但总体来说，球队里所有人就像是家人一样，风雨同舟，并肩作战。

2014/2015赛季，大家合作的第一年，在科尔教练的进攻体系中，我感觉球队有了朝总冠军进发的势头。靠着快速转移球、传跑配合无间，还有库里的神奇射术——任何球队来到我们的主场，都被打败了。不过大家都觉得我们只是昙花一现，并不处在争冠行列。那年库里获得了第一个常规赛MVP。格林开始首发，在防守端给了球队很大帮助。因为他带来的能量，加上他是场上最聪明的家伙之一，我们的防守端表现堪称完美。格林可以提前预判对方战术，同时他在场上反应特别快。博古特也充分融入科尔教练的体系。我认为他是当时联盟里最好的中锋之一，特别是在防守端，但在他摔断手肘之后，自信心受到一些影响。

健康的博古特和格林绝对是防守端最恐怖的组合。

最终，我们闯入总决赛，和克利夫兰骑士队遭遇，事情似乎推进得比我们想象中还要快。我们知道球队很棒，但大家对站在总决赛舞台还有些不真实感。回想高中时，我觉得自己在家乡打得很不错，但不确定是否能和芝加哥大城市的年轻人媲美；大学时，发现自己还可以参加选秀，也没准儿会有一个好结果。回到那个赛季，勇士队全员都没有总决赛经验，没有人能预料结果如何。

总决赛的场面太壮观了，常规赛 67 胜引发的关注度和总决赛相比不值一提。第一堂训练课开始一小时内，媒体蜂拥而至，和以前一样，他们会花 30 分钟拍摄我们训练。我们的训练比较随意，投篮、上篮，仅此而已。采访时，我注意到记者不断涌入，整个场地坐满了人，2 分钟过去，5 分钟过去，还是不断有新面孔出现，我还从来没有见过记者采访环节开始 5 分钟后现场仍然川流不息的场景，太不可思议了。有 NBA　TV、ESPN 和一些地方媒体，你要面对他们坐上 10 到 15 分钟，很难描述这种感觉，但当时我的内心确实发生了变化——我开始意识到这一刻的重要性，以及即将参与的决赛是多么的引人关注。这是堪称世界级的比赛，记者从澳大利亚、中国、日本、墨西哥和巴西远道而来，感觉太奇妙了，全世界这么多人都在关注这场比赛，而我就是主角之一。

在赛前那个晚上，我脑袋里还满是关于比赛的计划。我希望自己不要去想，但就是忍不住，各种在系列赛可能发生的情况不断涌现。赛程安排得很紧凑，除了篮球其他什么都顾不上。同时我还得一直接受治疗，冰敷、按摩，腿部用上促进血液循环的仪器。即便打完比赛回到家已经是晚上11点以后了，脑海里闪现的依然是每个回合的回放。虽然我有个家，但对我的家人来说不太公平，因为我常常不在家。我很感谢妻子在总决赛期间对我的包容，和常规赛相比，总决赛简直完全占据了我的生活，丝毫不敢懈怠。

总决赛前两场被拖进加时。第三场比赛输给骑士之后，大比分来到1:2，勇士落后。赛后，我碰见一个投资人，也是我的好朋友宫前·克拉克。我对他说："克拉克，我们队会获得总冠军的，走着瞧。"他觉得我疯了，从纸面实力看，骑士队占优，但在内心深处，我知道场上发生了微妙的变化。库里已经撕开了对方的防线，克莱也得到了许多空位机会，这就意味着骑士队很快会对他们进行包夹。我觉得自己将会得到更多的进攻机会，虽然不敢确定，但目前我的手感柔和，身体状态正佳，甚至可以说是整个赛季最好的时候。我迫切地想知道，自己能否在不打乱球队攻防节奏的情况下，找到自己的节奏。

第四场比赛，科尔教练也发现了端倪，随即排出小阵容——格林打中锋，库里和克莱坐镇后场，我和巴恩斯搭档锋线——克利夫兰骑士队面对这套阵容时，在防守端捉襟见肘。我们可以不断打挡拆，对方会夹击库里，于是我就得到了许多空位出手机会。在防守端，我们可以无限换防，因为骑士的大个子进攻威胁不大。

这个阵容也意味着，我要去防守詹姆斯。

对他的防守，我们已经做得够多了。我曾经看到一篇文章提到，我防守詹姆斯的方式与别人不同，我不知道对不对，但要想完全限制住詹姆斯是绝对不可能的。他会得到该得的分，球到他手中，他几乎可以抓住所有机会。我觉得如果自己在场上可以和詹姆斯打得一样聪明，那么球队就不需要派两个人合力对付他，这样也就能遏制住骑士队的进攻。

防守詹姆斯必须要非常聪明，我不得不时刻保持警惕，了解他的处理球方式，判断他是怎么想的，我甚至要比他多想一步。我记得菜鸟赛季刚到费城，有人给我提供了一盘录像带，里面是东部球员的一些步法集锦，我必须要仔细观察他们，以期能预判他们的脚步。对上詹姆斯也是一样，我必须在短时间内吃透他，速度上也不能差，我必须限制他的速度。他突破时总是第一步制造身体接触，把防守人撞开。因为他很强壮，所以这个做法总能奏效。我意识到，只要自己能扛住詹姆斯的第一步，那么他就必须在第二步做出改变。接下来，我需要预判他往哪里走，猜测球的落点。如果猜错，那这一回合就绝对防不住他了。但如果保持专注，我 10 次有 6 次能猜对。我很踏实，因为身后还站着格林，他对于詹姆斯脚步的预判和我一样准确。不同比赛，詹姆斯的进攻方式也不一样。前 5 分钟，我大概就能判断出他接下来的比赛走势。如果他跳投不灵，我就得在防守时与他保持身前距离。如果他不断突破，我就得尝试激怒他，让他出手投篮。我需要做的，就是进入他的大脑，让他对自己产生怀疑，这个过程很像双方在高速对弈国际象棋。你猜测他下一步做什么，他则会考虑你的预判。

只要我们能以五小阵容开局，骑士队基本招架不住，我也能找回自己的进攻节奏。第六场比赛最后2分钟，最终的胜利即将到来，我们不敢相信，但又不得不信。那时我们领先10分，很担心到手的胜利溜走，骑士队随即追到只差7分、6分。最后1分钟，我们还领先7分，勇士队不可能会输了，对吧？

真是一轮精彩的系列赛。但我们仍然在等待时间走完，实在是太煎熬了。这时，剩最后33秒，JR · 史密斯居然还投进了一记三分球，两队分差一个回合就能追上，我们屏住呼吸。大家的表情都不太自然，马上就要迎来运动生涯最重要的时刻了吗？还是说只是普通的一天？我们不知道会怎么样。最后10秒，我罚失一球，但分差至少需要两个回合才能抹平。时间快要走完，JR · 史密斯在距离篮筐30英尺（约合9.144米）扔了一记三分球，没有投中。库里抢下篮板球，我迫切地想找个人问问，现在到底什么情况。我们好像要赢得NBA总冠军了，难以置信。直到我和另一位球员对视，才确认一切都是真的。2秒，1秒…… 库里把球抛向空中，无数彩带从天花板上飘落，我还是不敢相信眼前发生的事。我抓住球，不想让它离开我。

突然间，场内冲进来一大群NBA工作人员，还有其他球队的名宿和球员。场面真是疯狂，我记得贾斯汀 · 霍勒迪过来和我拥抱。一切都像瞬间就发生了，往事不禁浮上心头。我大喊大叫，遇到谁都上去拥抱，我看见联盟办公室的范德维奇——没有人想看到他，因为他专门负责罚款。我已经给顾不上那么多，还是上前拥抱他。我的所有朋友都来了，大家一起狂欢，妻子也带着儿子到场。我在儿子眼中看到了喜悦。我非常享受那个时刻，儿子显得特别高兴。

就在众人庆祝的时候，工作人员已经把领奖台搭好，摆上冠军奖杯。每个人的亲属都出现了，有格林妈妈、库里妻子，还有克莱爸爸。大家互相拥抱，彼此祝贺，情真意切。我望向四周，彩带纷飞，音乐环绕，队友们球衣上的汗水还没有干透，就已经哭着抱在一起。难以置信，几分钟前还在打比赛的我们，现在居然就是总冠军了。我的脑海中唯有二字——感恩。感恩当下。整个联盟有大概70%到80%的球员从未进入过总决赛，为什么是我们？我们经历了什么？不敢相信，太奇妙了。我们把手放在一起，再次抬起头，看漫天彩带纷飞。

夺冠之后，游行庆典是我们要做的第一件事。

全队成员早上8点到达训练馆，各自带着家人、朋友、孩子，还有一些老乡，大家仍然在庆祝夺冠。昨晚我在洛杉矶刚刚参加了一档深夜脱口秀节目——记不清是什么节目了。游行开始后，大家情不自禁地击掌、拥抱，轮流讲话。每个人都和亲友合影，给一些陌生人在帽子和水瓶上签字。耐克给我们发放了崭新的冠军装备，于是我们果断穿上。多说一句，现场食物非常丰盛。我们就像是凯旋的英雄一般，沿着奥克兰街头一路向前。

但是，我们花了半小时才进入游行路线——大家就这么坐在大巴里，在烈日下苦等了30分钟。到上午10点的时候，大家都要累瘫了，游行却没有正式开始，时间变得无比漫长。是球迷给了我们能量，他们挤满大街小巷，我们和孩子们击掌——没有什么比这更让人感到开心了。等所有车辆到齐，又过了一小时，大家昏昏欲睡。100万人在街头等待我们，等待游行开始，而我们竟然只能睡觉。游行开始时令人激动，随后便疲惫难耐，也许这也预示着什么。夺冠让人很兴奋，但作为冠军，以后的路还很长。

和教练合作，如果他不是太糟糕的话，第二年的情况总比第一年更好，比如科尔教练就是。他的进攻理念很先进，并且在比赛中能很好地贯彻下去。球队第一年就是这么打的，但是第二年明显变得更丰富了。球员间彼此熟悉，相处融洽，大家蓄势待发。2015/2016赛季就像在以每小时90英里（约合144.81公里）匀速前进，遇上对手，超越对手，对我们来说很容易。在赛季开始的时候，大家在享受比赛，“上届冠军”头衔还并不是一个负担。

我们以24连胜开局，非常惊艳，但回想那时，我还是看见了潜在的危机。媒体几乎包围了我们，勇士队新闻发布会的记者人数从5人飙升至45人。他们反复追问一些关于球员穿搭和娱乐方面的问题，甚至库里和克莱在街上散步都能上热搜。我们之前预想过类似的局面，但比想象更夸张的是，疯狂的记者们甚至把球队第八人都当作明星看待。他们的问题日趋愚蠢和同质化，每个人都想把我们变得无比透明。我甚至听到了5个关于我睡眠习惯的版本，起因只是因为有人听到我最近在研究睡眠习惯。夺冠之后，媒体试图把我们的故事传播出去。

盛名之下，勇士队在NBA打客场像巡回演出一般。我们拿到赛程表，发现客场安排密密麻麻的，大家不得不忍受时区的变换。球队的连胜终止在7连客的最后一场，我们从犹他州去到夏洛特、多伦多、布鲁克林，回到印第安纳、波士顿，最后来到密尔沃基。这种客场安排对我们来说是不可想象的，球员们需要短暂的休整，但NBA显然不允许。为了比赛足够精彩，他们会抓紧一切机会榨干我们。勇士队所到之处，门票抢购一空，我以前给朋友们买密尔沃基的球票大概100美元一张，位置还相当好，但现在连不好的位置都要300美元一张，朋友们都抱怨位置怎么这么差。我们去哪，哪里的主场票就卖光，好像那些球队跟我们交手是在打淘汰赛。第25场比赛，当密尔沃基雄鹿队击败我们时，漫天彩带飞舞，好像他们得了冠军一样。要知道，赛季才刚刚过了四分之一。

逐渐地，有人开始提到芝加哥公牛队和他们72胜的传奇赛季，一个屹立20年、似乎不可能被打破的纪录。科尔教练在那支队打过球，他不喜欢听到“勇士队会打破公牛队胜场纪录”的说法，他知道为了72胜球队需要付出什么代价。可是随着赛季推进，这种可能性越来越大。科尔教练受背伤困扰，卢克·沃顿一度暂时代他执教，看得出来卢克有些不知所措。他明白创造纪录的价值所在，不想这件好事毁在自己的手里。而且，在联盟其他球队看来，勇士队仿佛战无不胜，就连我们自己也这么认为。从我们的比赛轮换上看，一切迹象都表明，勇士队就是冲着保持连胜去的，而不只是为了备战季后赛。

我们逐渐迷失了自己，不再追求完美，或者不想站上联盟之巅。大家只想赢下当晚的比赛，一场接一场。有些场次，很早就能看出我们当晚的状态并不好，但首发球员们还是每场打上 40 到 42 分钟，球队输球，轮换也不会做出太多调整。我们的自尊心不接受失败，尽管只有几场情况糟糕。那个赛季，大家走上球场，心里就想着如何打垮对方。倒不是说这种自信心爆棚是坏事，其实每支球队都需要这样的自信。我们打球自带开关，感觉可以就打开，想应付比赛就关闭。那时的我们缺少敬畏之心，也不够尊重对手——要知道，我们本有可能在任何一场比赛中被对手击败。

我们为了打破纪录义无反顾，勇士队不只满足于成为联盟最好的球队，还想成为历史上最伟大的球队。所到之处，所有人都在拿我们和迈克尔·乔丹以及公牛队比较。公牛队创造了前无古人的胜场纪录，我们对此感到兴奋，也许我们能刷新它！我环顾四周，看着身边这群家伙就热血上涌——随和的克莱，还有他那疾风一般的投射；无比真诚的库里，怀有谦卑之心；可以在任意时间跟任何人对抗的格林——所有人聚集在一起，书写 NBA 历史新篇章，这个诱惑实在是太大了。

但随之而来的另一面，是在每个场地上，对手拼命与我们对抗，与平时判若两人。在新闻发布会或者场边采访时，现场嘘声不断，每个年轻球员都想击败我们，以此青史留名。我们在精神上开始出现疲劳，年轻球员更明显。球员想获得片刻喘息，但球迷们不让，开弓没有回头箭。常规赛的最后一场比赛，直到我们拿下第73胜，我才意识到，真正的战斗似乎刚刚开始。

我们用了5场比赛击败休斯敦火箭队，次轮和波特兰开拓者战斗的激烈程度与首轮相差无几，然后就遇上了俄克拉荷马雷霆队。我经常被问到，生涯里哪支队最难对付，我的回答就是那支拥有凯文·杜兰特和拉塞尔·威斯布鲁克的雷霆队，他们将在西部决赛中阻击我们。我从未经历过如此激烈的比赛，纵使我们的防守密不透风，那个系列赛中的杜兰特依然无法阻挡。他们还有史蒂文·亚当斯和赛尔吉·伊巴卡坐镇内线，大前锋位置上的伊巴卡身高2米08，所有人跟我们一样，都能无限换防。伊巴卡无所不能，威斯布鲁克则像一辆坦克，在每个回合里不间断发起冲击，仿佛自带电池，能量源源不断。凯文·杜兰特每天晚上似乎都能得到50分。我们明白自己必须打出“A”的状态，如果哪天晚上是“A−”，那就完蛋了，后来发生的事证明了这个判断。我们一度以总比分1∶3落后，形势非常危急。重压之下，我依然保持专注，主场的决战没有人可以开玩笑。我内心深处觉得，如果有球队可以在总比分1∶3的情况下实现翻盘，那一定会是我们。

第五场比赛前，大家热完身，科尔教练告诉我们：“我知道今晚主场的比赛肯定拿下，但下一场在俄克拉荷马的比赛，第六场，悬崖边的战斗，将是我们迄今为止最艰难的战斗，没有其他比赛能与之相提并论。但是，我可以告诉大家，胜利会属于我们这一边的。我深信我们会赢得比赛，胜利最终属于勇士队。”

我不知道他说这话是什么意思，但接下来的一周，这些话反复在我脑海中回荡。他是对的，在俄克拉荷马的第六场比赛，果然是我们最艰难的一战，但战斗还没有结束。克莱表现极其出色，三分球 18 投 11 中，全场砍下 41 分，让我们得以赢下比赛。当回到主场准备第七场比赛时，我也说不清楚，就是和队友一样，心里已经明白接下来要发生什么。

总决赛，勇士队再次和克利夫兰骑士队碰面，他们想复仇。3 天后，决战开始，我们很快就取得了 2∶1 的领先。那年骑士队变得更强，我们也一样。科尔教练知道我们的优势在哪里，针对性布置做得很棒。和雷霆的系列赛耗费了我们太多精力，所有人都有些疲惫，但我们知道，只要大家团结在一起，勇士队仍然不可阻挡，直到迎来和骑士队的第四场比赛。

那个回合，我看了足有 1000 遍。现场我目睹过，录像中也反复回看。詹姆斯和格林在挡拆时发生推搡，把后者拽倒在地，比赛没有因此中止，所以他们都试图起身参与攻防。格林在地上准备爬起时，詹姆斯从他身上迈过去。格林感觉受到冒犯，朝詹姆斯打了一拳，恰好击中裆部。裁判对他们的非篮球动作选择性无视。随后他们争抢篮板时，裁判响哨，由于动作过大，双方各领到一次技术犯规。

当晚比赛过后，联盟办公室回看录像，认定格林挥拳动作是一个恶意犯规。由于这是他季后赛的第四次恶意犯规，所以他第六场被禁赛。

一切都是有意为之，为了埋下抢七的伏笔，小题大做，屈服于资本的力量，联盟一直都是这么做的。有时候你会发现，规则做不了主，保证剧情更精彩才是重点。整个赛季，格林都在被故事裹挟。一部分是因为他的行为举止，更多的是因为他身处勇士队。在这个国家的任何一座球馆里，发生在他身上的事我都看在眼里，他做事一直有个限度。但是联盟编造了一个故事，把他描绘成一个失控的家伙，每件发生在他身上的往事，此刻都在推波助澜。所以那场季后赛结束后，你如果花 15 秒浏览下推特，一切迹象都表明联盟要对他禁赛，而这个决定其实并不是针对那次冲突。篮球比赛本身就是一项娱乐活动，现场直播，给大家讲一个故事，所以每个决定都是为了故事的情节能顺利推演。有些人可能不同意，但我已经打了那么多年的比赛了，对此再清楚不过。

对那轮系列赛还能说什么呢，我亲眼看着胜利溜走。但似乎我们从开始就没有抓住它。我们面对的对手，比骑士队更强大，虽然骑士队打得非常不错，值得称赞。阻挡在我们面前的，是大家无限膨胀的虚荣心，我们无法及时醒悟，合理控制。长达 8 个月的赛季中，我们带着情绪打球，身心俱疲，并没有为两连冠做好准备。

所以，当来到系列赛第七场最后时刻，詹姆斯追防我，送上我前所未见的一次出色防守后，我就知道，比赛结束了。凯里 · 欧文飙中超远三分，我们以 89 : 92 落后，尘埃落定。我们犯了一些错误，导致局势逆转，最终无法挽回。背部痉挛的中锋，输了比赛之后再也没有回到这支球队中。

至于那天晚上是怎么走出球馆的，我就有点记不太清了。我见到大卫·查普尔，他一直都是我的偶像之一。我问他："怎么样？"但我们的对话很快就结束，那时我的想法就是我们配不上胜利。我们不配赢下那个系列赛，我只想回家待着，与朋友、妻子和儿子在一起。还有我大学的队友穆斯塔法·沙库尔，我的训练师蒂勒尔……所有以前认识的人，都是我所信任的。我只想要一个披萨，得到一些安慰，然后大睡三天三夜。

8

74胜

又一个赛季，没有人再提破纪录的事，没有人再提 73 胜，那令我们感到受伤，比赛回归到简单纯粹。你可以质疑那轮系列赛中发生的犯规、驱逐、禁赛，还有那记盖帽等等怪事，你也可以假设如果没有这些事发生，那个赛季会有什么不同。但对我来说，对球队来说，我们为了追逐常规赛 73 胜而做出的每个决定，最终付出的代价就是失去总冠军，这值得吗?

这将决定我们未来的路会怎么走。如果那轮季后赛是我们最后的机会，我可以向你保证，当时队中的每个人余生都会反复回想：我们本已胜券在握，奈何胜利悄然溜走。我们得到的，就是 73 胜纪录，而纪录之外还得标注一句话，“没错，但是他们那年没有得到总冠军”。

新赛季将不只关乎救赎，还关乎大家的未来。

从上个赛季的中期开始，就有一些传言萦绕在耳边——我们队有意招揽杜兰特。身为球员，比一些媒体对潜在交易了解更多是很正常的。大多数球员都明白，不要把自己掌握的信息告诉媒体，但往往还是有迹可循。通常在球队里，大家会发现一些交易端倪，助理教练会走过来问我们，“我们正在找某种类型的球员，你觉得某人合适吗？关于他，你还知道哪些？”NBA 就像是一家大公司，每个人都是里面的员工，所以其他队的球员和我们不只是对手，还是同事。你和他们会在夏季联赛交手，或者在大学分区赛中碰面。也许 15 岁的时候，大家就在某个篮球训练营的餐厅里互相开玩笑。你和对方一起参加婚礼，一起参加派对，休赛期一起吃烤肉，打高尔夫球。如果你确实不怎么了解对方，也会有足够多的朋友说起他们，所以无论场上场下，球员之间都有机会互相了解。就算你和他的球队一个赛季只交手六七次，你也比别人更能近距离观察他的动作、习惯和态度。所以，球员们通常会知道对方是否适合自己的队伍。如果管理层或者总经理助理足够聪明，他们会假装随意地在你身边出现，在你训练的时候问你对潜在交易的看法。那时勇士队和杜兰特虽然没有到非合作不可的程度，但是我们确实听到了一些勇士队试图做些什么的流言蜚语。

当 2015/2016 赛季结束后，我们都知道，杜兰特加入勇士队的消息不会让大家等太久了。我们也知道这将意味着勇士队会称霸全联盟。杜兰特是这项运动里最好最纯粹的得分手，能控球，射术精湛，终结能力更是达到了历史顶尖水平。他在进攻端无人可挡。作为拥有 2 米 23 臂展、身高 2 米 13 的大个子（官方登记是 2 米 08，你该不会信了吧），他实在是太难防了。就在一个月前，我们亲眼见证了他是如何把比赛拖到第七场的，我们差不多倾尽所有才赢下了西部决赛。

赛季结束后，离自由市场开启还有两周时间，那时的我，只想尽快从总决赛的失利阴影中走出来。对于结果，我不意外，但是却让我很受伤，不只是精神上，还有身体上。我感到疲惫和痛苦，膝部和胯部的伤病简直要把我折磨死了，以至于我无论怎么做，都无法得到充足的睡眠。那两周过得很恍惚，我尽量多陪家人，打高尔夫球或者参加生意上的聚会，但总是提不起精神，内心期待着有什么大事发生。

几天后，管理层发来一条信息："你们想要杜兰特加入吗？"答案不言而喻，谁不想呢？我们被告知他会于7月30日在汉普顿斯会见球队制服组，如果我们能去就太棒了。这会是球队展现对一个球员尊重的最好方式，因为许多潜在新援会在这时犹豫。"为什么你们想要我来到队里"这种想法可以理解，当你被球队当作商品或者劳动力出售时，完全会有这样的顾虑。很像我大学比赛时的感觉，你之所以对我感兴趣，不是因为我这个人，而是你想利用我。但勇士队是库里的球队，他总是先考虑球队的利益，我们都会被他感染。管理层也是这么想的。所以，如果能为球队做贡献，我们便义无反顾。球队中有几个队友在美国国家队和杜兰特打过球，我和克莱、库里、格林都知道，最好的方法就是大家联手说服他。

那次出行我们都感觉很愉快，经历过一个艰难的赛季，摆脱追逐总冠军和破纪录的压力，我们再次聚到一起，还吃了一顿大餐。大家全程都很放松，彼此非常熟悉了，正好利用这次出行享受相聚的时光。所以当我们走进杜兰特租住的房子时，心态都非常好。空气温润，你能闻到从大西洋飘来的微风中有海盐的味道。夏日的风轻抚着海浪，我用力吸了一口。在同一片屋檐下，站着5个黑人富豪，这是过去我们的父母和祖辈想都不敢想的事。

我们和杜兰特相谈甚欢，大概谈了一个半小时。与其说他在推销自己，不如说我们聊得非常融洽。他想要的，我们愿意提供，所以真诚以待就行。我的直觉告诉我，尽量简单一些，诚恳一些，不要说太多废话。我们告诉他，强强结合将会非常有趣，就这么多。这支球队里面，没有人是自私的，大家都不在乎谁出手多谁出手少。我们接着回答他关于湾区的事，有好有坏。对于杜兰特，我们知道他不满足于只是上场打球，还需要充分展现自我。我们觉得勇士的建队模式和进攻理念，还有大家的想法，都符合他的要求，非常纯粹。

但我也知道，如果杜兰特决定来我们队，媒体会对他穷追猛打。换位思考，我要是他也会担心这个。想起我在费城那段时间，也被人憎恶，于是每天都努力训练，想证明别人是错的。库里和克莱一直都很受欢迎，格林刚在NBA站稳脚跟。我于是说道："听着，我们大家会尽可能替你分担外界干扰，但最重要的，是你不要太在乎。其他人对你说的话，干吗去在意？爱你或者恨你，总是会有的，无论你做什么，都无法两全。如果你因此故步自封，但是不开心，那又有什么用？所以什么是更重要的呢？做出的决定被一群陌生人讨厌，但能去你喜欢的地方享受生活？还是他们认可你，去哪都无所谓，但是你却并不开心？”

我们在院子里聊天的一小时前，屋子里坐着制服组的人——科尔教练、乔·拉科布、鲍勃·迈尔斯和杜兰特的经纪人里奇·克莱曼，他们也在谈这件事。科尔教练用一堆片段剪辑出一个视频，想以此说明杜兰特有多么适合我们的打法。鲍勃·迈尔斯展示了一些虚拟现实技术，不只是突出杜兰特在勇士队的作用，还秀了一下湾区的前沿科技。八仙过海，各显神通，但大家有一个强烈的感觉，对于杜兰特来说，上面这些都只是小菜，不是主菜。紧接着，我、库里、克莱、格林和杜兰特走出屋子。这么多年来，杜兰特对招募球员这件事见得太多了，他知道每支球队都会展现自己的优势，说些类似“欢迎球员加入球队大家庭”的套话。大家都经历过这事，杜兰特想要什么，需要什么，对其他球员来说才是最重要的事。他需要听听库里的看法，因为如果杜兰特来到勇士队打球，库里可能会是牺牲最多的人。杜兰特需要的，不是库里的敷衍，而是他的真心话。对我们来说，这事太简单了，因为我了解库里，他能说出口的话，一定是他的心里话。

上午 10 点左右，微风袭来，湿气弥漫，我们 5 人就这么坐在院子里聊天。没有太多废话，大家有一说一，我作为老将，给了杜兰特一些建议。但是，勇士队只是这周前来招募他的 5 支球队之一，杜兰特感谢我们的到来，双方拥抱、碰拳。我们告别后踏上归途，跟来时一样，所有人挤在小车里，因为想让人觉得我们都是好兄弟，很团结。直到驶上高速，大家才开口说话。我们不觉得招募杜兰特的事已经板上钉钉了，只是做了自己该做的事。得之吾幸，失之吾命。但在内心深处，我虽不确定，却隐约感觉自己仿佛看到了杜兰特脸上的表情，他已经在琢磨自己该怎么面对媒体和球迷了。

两天后，杜兰特正式成为金州勇士队的一员。对此，我可能比任何人都更加惊讶。

再说回我自己。休赛期快结束了，我不得不多做一些训练来保持身体状态。我需要接受一些严格的治疗，使身体可以承受下赛季的比赛强度。我的膝部和胯部必须接受核磁共振，还得注射富血小板血浆，就是把身体里面的血液抽出来，在机器里旋转数十亿次再注射回体内，这时候血液里白细胞增多，会增加治疗效果。我是从科比那里听到的这种治疗方式。在他职业生涯的最后几年，他就是用这个方法延续状态。作为 18 岁就进入 NBA 的球员、5 次总冠军得主、球队核心，科比比所有人打球时间都要长。无论他靠什么方法，让身体能经受年复一年的消耗，我都想向他讨教。那时我也 32 岁了，身体不会说谎，尽管保持着大量训练，非常注意饮食，但我也只能做到这些了。注射富血小板血浆这种事，虽然怪异，还有点渗人，但却是必要的。

治疗过程持续 7 天。首先，我需要坐在那里，花 5 分钟抽血，偶尔会头晕，大多数时间不会。然后他们把血液放到离心机里，以一种匪夷所思的速度高速旋转。我就坐在旁边，盯着天花板，琢磨这是什么原理。来到一家德国人的诊所，坐在实验室的椅子上的人，从我身体里把血一加仑一加仑地抽出来。最后，他们会把处理过后白细胞增多的血液注射在我膝部和胯部，然后我该干吗干吗。每次治疗差不多耗时30分钟，全程得花7天时间才能让我的身体适应新血。每天我都需要锻炼，以此促进血液循环，但还不能上强度，如拉伸、普拉提、瑜伽、骑车、适当负重，但不能跑步。7天后，训练恢复到正常强度。就我而言，通常是感觉身体可以了，就立马回到健身房上强度。差不多两三天后，身体会有一些细微变化。两三个月后，我就感觉自己像换了一副身板。要是能永远这样就好了。

经历了上个赛季最后两轮季后赛的血战后，季前赛我的状态有些起伏。有时候我到了球馆，感觉那些训练可以做一辈子——投篮精准，体力充沛，身体状态不错。但有时候，我脚上好像灌铅一样，觉得要在新赛季应付82场常规赛外加季后赛、每场和队友们打完48分钟简直是痴人说梦。我甚至不知道自己能不能承受20分钟的训练，但事实证明，我可以。因为我知道，咬牙坚持绝对比放弃的感觉好。新赛季开始前两周，我都是一天两练。早上力量训练，晚上投篮训练。一直投，一直投，直到我投不动为止。有些人描述吸毒很爽，而我能想象到最接近吸毒的感觉，也许就是投到力竭吧。我会投到全身失去知觉，甚至毫不保留地投到无我状态，克服疲劳、无聊、愤怒，忘记上赛季的失败，忘记这个世界；只能看到球和篮筐，只能听到自己的呼吸声。仅此而已。

2016/2017赛季，我们早就知道勇士队的比赛会很受欢迎。杜兰特加盟，让我们的客场之旅又一次成为巡回表演，万人空巷。所到之处，票价飞涨，记者比其他场次多数十倍。但奇怪的是，我并没有感觉到有太多压力。我们不会患得患失，没有“拿不到冠军就是失败”的念头，做好该做的，胜利自然属于我们，而若是稍有松懈，比赛就赢不了，这是很简单的道理。上赛季的苦涩失利，至少对于我而言早已翻篇。今年我想赢，但如果我们没有竭尽全力，就配不上最后的胜利。

我们在圣安东尼奥的马刺队主场，正式拉开NBA新赛季的大幕。他们队中有莱昂纳德，一个少言寡语的超级巨星。你几乎不会在网络上看到他的踪迹，没有商业代言，不发表言论，但是他打球却十分出色，媒体记者自认不会放过他，把他塑造成沉默刺客、防守大闸的形象。从表面上看，他作为高效的球场冷血杀手、基石型球员，必然能完美地融入马刺队。而马刺依然被认为是一支王朝球队，尽管他们正在逐渐走下坡路。那一年是后邓肯时代的第一年，但他们还拥有吉诺比利、帕克，以及联盟里最伟大的教练波波维奇。对于媒体来说，揭幕战需要噱头，马刺队就是完美的选择。如果马刺能像上赛季的骑士队那样击败我们，那么新赛季的西部注定动荡不安，群雄纷争。

那场比赛很艰难，我们几乎被马刺队打崩了，他们比那时的我们更有凝聚力。除了第一节前几分钟，整场比赛我们都在追赶他们，最后输了将近30分。在外界看来，勇士队一直都是夺冠热门，但似乎我们无法与真正的西部强队抗衡。形成鲜明对比的，是另一边的骑士队，他们在同一天赢了纽约尼克斯队近40分。对于我们自己来说，比赛结果在预料之中。多了新成员，我们不可能马上就打出流畅的进攻。这需要磨合，让我们彼此熟悉，在赛季中会越来越好的。我们那时的想法就是“真倒霉，打起精神迎接下一场吧”。

接下来我们连赢4场，然后被年轻的湖人队击败。在那之后，我们又迎来12连胜。我们仍在适应彼此，但我逐渐明白，球队充满潜力，未来必将战无不胜。不能说我们一定会赢，而是大家只要团结一致，就能打出流畅的进攻。

12月7日，我们面对湖人队扳回一局，然后迎来被媒体描述成另一支西海岸强队的快船。对方球员天赋很高，但我们过去7次对阵他们都没输过。尽管如此，这场比赛还是定为全美直播，所以胜负难料。一旦比赛全美直播，对手在跟我们交锋时，就会变得像打总决赛抢七一样凶悍。那场比赛，我们在防守端有些懈怠——出现10次失误。这对于其他队来说是不可饶恕的事，但我们觉得这只是比赛的一部分。我们尽量让球运转起来（全场比赛助攻高达32次）。攻防流畅之后，形势就发生逆转了。如果我们能将失误数控制在15次以下，一般就没太多问题。那场比赛里，我觉得自己的腿部力量回来了，替补出场打了25分钟。最终我们以115∶98击败对手。9月份注射富血小板血浆治疗着实起了作用，我觉得自己从那天开始仿佛复活了。

随后，我们在深夜抵达犹他州，隔天即将面对爵士队。作为球员，盐湖城总是会影响我的状态。怎么形容呢，就是觉得当我身在犹他州时，自己似乎更加被针对了。山呼海啸的声浪，让我感觉非常不舒服。当一个黑人球员在场上奔跑，脑海中会习惯性地闪现许多念头。我试着不要让杂念干扰比赛，但是，当1.8万名白人冲你大呼小叫，试图激怒你时，身为四肢裸露的黑人球员，不可能无视这种赤裸裸的威胁。一切都让人感觉很不好，因为就在两周前，特朗普刚刚当选美国总统。

种族歧视在这个国家有多严重，我一点也不感到惊讶，毕竟我是在伊利诺伊州的斯普林菲尔德市长大。我真正担心的，是个人的安全。尽管许多人都有种族歧视心理，但毕竟在社会层面是不允许的，他们是种族主义者，但没有人希望自己被冠以这个称号。大家都不会在公众场合表现出来，所以我在公众场合会感到安心。但我们近年来见到的纳粹集会、举着美国国旗游行、教堂里和大街上有黑人被杀、穆斯林被攻击……这必然会在你心里留下阴影。而此刻，身边都是花钱来看比赛的白人，他们包围着你，叫嚣着他们有多讨厌你。从另一方面来看，比赛只是比赛，但是背后潜伏的危机，远没有这么简单。

半场比赛过后，我们大比分领先爵士队，但下半场，他们突然间就追上了。我们对这种情况习以为常，在客场时有发生。我们的硬实力比对方强很多，但比分差距就是拉不开。我们一旦起势，他们就会得到大量主场哨，比赛势头就此改变。我打了十多年职业比赛，对此心知肚明，只是不能说太多，不然会被罚款的。所以，最好的做法就是闭嘴，别太当回事儿，别想太多。但是在那天晚上，我听到有一个裁判对我的队友说“别指望我”，言外之意再明显不过。这句话在我的脑海里挥之不去，我试图让自己不受影响，尽量打好球帮助球队，多想点积极的事情。如果我不这么做，结果可想而知。在费城的那些黑暗日子对于我来说，还不算太遥远。

客场之旅似乎没有尽头，跨越三个不同时区，洛杉矶、犹他州和孟菲斯、明尼苏达州，再到新奥尔良。我们感到身心俱疲，但还得调整自己，和队友并肩作战，共同面对每个对手，要知道他们可能会把和我们的比赛在日历上圈出来。最艰难的就是刚结束客场之旅回到主场的那场比赛，我们碰上了纽约尼克斯队，正好又是全美直播。我感觉全队上下并没有重视对手，卡梅隆·安东尼和德里克·罗斯缺阵，克里斯塔普尔·波尔津吉斯是个好球员，但那晚他表现不佳，只有30%的命中率。进攻端，我们送出了差不多40次助攻，还有些绝妙的配合。我通过背传给到位于肘区的杜兰特，他又传给伊恩·克拉克，后者距离篮筐24英尺（约合7.3米）命中投篮。那真是一个美妙的时刻，因为我看见杜兰特融入了我们的进攻，他找到传球机会，让防守者失位，对我们来说这绝对是件好事。不过在防守端，我们表现得很挣扎。虽然最后轻松赢下比赛，但那晚我走进更衣室时，感觉我们并没有发挥出应有的水平。

那年的圣诞大战跟往年一样，联盟安排上赛季的总决赛再现。自从总决赛最后一场骑士队击败我们之后，双方许久未见，我们尽量不把圣诞大战太当回事，但是媒体可不允许。这又是一场全美直播的比赛，意味着更多的暂停时间插播广告。场边坐着更多媒体记者，场上出现更多工作人员，球员通道里冒出更多想进入更衣室的名人，真是荒谬至极。圣诞节这天的比赛尤其艰难，因为我还要远离家人作战。联盟试图编出一些故事，但你对此感到很愤怒，觉得他们夸大其词。我们不想被卷入“复仇”的故事当中，只想把比赛当成一场普通常规赛对待，而常规赛的一切都是为了迎接季后赛。尽管如此，这场闹剧还是不可避免。记者们问了一些愚蠢问题，其中包括了格林和詹姆斯的恩怨，他们还想把库里和欧文塑造成死对头。比赛开始后，我们没有掌控比赛节奏。前三节半，双方僵持，我们大多数时间都以微弱优势领先，但在最后关头，我们又让胜利溜走了，就跟上赛季的总决赛第七场一样。那一战，我们最终输了1分。圣诞节过得不像圣诞节，我们只是又工作了一天。更衣室里的气氛很沉闷。大家讨论着关于执行力的话题，觉得心态上比以前好了一些。对方非常难缠，强硬，而裁判却默许他们这样。更重要的是，我们也没有做出回应。

下一阶段的比赛幸好都在主场，我们太需要这样的赛程安排了。那个阶段我们打得不错，但我觉得全队并不开心。我们发现了一个趋势，对手在碰上勇士队的时候，打得都很强硬，我们只得默默承受。但关键时刻的吹罚，好几次明显影响了我们的比赛情绪。

我再次陷入挣扎，不知道该怎么办。科尔一直提醒大家，不能每场都净胜对手20分，尽管这是有可能的。他始终都秉持着“享受当下”的理念，不要因为失误过于苛责自己。但是我对此表示怀疑，我只看到球队犯了哪些错，哪里需要改进，而看不到我们已经取得的进步，所以很难一直像他那样想。

那个赛季，仍然还有一道难关等待我们。自从杜兰特做出决定后，他还没回过俄克拉荷马州。这感觉就像是在拍电影，而我们扮演反派角色。当我们走进场内，迎接我们的是山呼海啸的嘘声，这感觉更像是一场摔跤比赛，而不是篮球比赛。一切都变得很夸张——我们队的所有人、球迷，还有对手，都在扮演各自的角色。

但其中还是有许多真实情绪存在，四处都有安保人员，意味着整场比赛氛围必定不同寻常。赛前的发布会上，我无意中对大家说，我很享受打篮球，但目前的这种情况却很难，说这些话可能会被罚款。我意识到一件事，支持我们的球迷，会因为我们做了什么而支持我们。我以前和一位媒体工作者聊天，他告诉我恰好是那些暴躁的、时常失去理智的人，让我们从事的这项运动受到更多欢迎。我明白他的意思。但从另一方面来说，杜兰特作为职业球员，他选择了更好的机会，去别的公司工作，为什么会犯下众怒，使我们进入俄克拉荷马州的时候还需要增加警卫？一个成年人在体育领域做出一个决定，对真实世界没有太多影响，怎么就会让我们置于危险之中呢？想不通，仿佛考特·弗拉德的悲剧在重演。全国各地，只有俄克拉荷马州的球迷会在唱国歌之前祈祷，但整场比赛他们却一直在骂娘，警卫还得随时防备着有人冲进场内。

2017 年 3 月 10 日，我们在明尼苏达州输球。我试着放平心态，但太难了，失败的阴影一直笼罩心头。每个运动员都不喜欢失败，而我更无法接受那一夜的失败。当你进入像金州勇士这样的球队后，失败会让你变得无比沮丧。虽然没有必要，但就好像是不应该发生似的。在那场比赛过后，我在更衣室里心烦意乱，脑海中想的都是场上发生的事，我们本应该做得更好。我想到了那些随意的击地传球轻易被抢断；大家没有及时换防导致漏人；球员理应在碰见挡拆时抢前一步，但实际却往后退……我还想到自己的那些失误，本应该及时换防对方后卫，但却两次都慢了一步。我忘不了这些场景，它们在我脑袋里仿佛过电影一般，不断重现，我找不到关上它们的遥控器。

我们的对手很有天赋，这是肯定的，森林狼队的执行力很强，这也是肯定的。在比赛过后，你就得这么说。记者都等着这些话从你嘴里说出口，要是他们没听到想听的，那麻烦就大了。实际情况是，我觉得我们本应该赢下比赛的，大家都这么认为。但如果你这么对记者说，那就完蛋了，第二天媒体会铺天盖地骂你不尊重森林狼队。记者会把你的言论断章取义，然后配上无关的图片，大肆渲染这些话。他们总想挑起赛场上成年人之间的怒火，还想让自己介入其间，尽管他们不明白球员间的真正关系如何。球员之间彼此尊重，有些人甚至从15岁开始就一起参加训练营，一起打比赛。我签下第二份合同时，对面有几个球员刚刚进入NBA，我会告诉他们联盟是怎么运作的。我对许多球员的背景都略知一二，知道他们的出身如何，克服了什么困难才能站到这里，记者们不可能不知道这些事。你可能不喜欢这个年轻人，但你会尊重他，因为你知道他之所以能站在这里，是拼命换来的，这样他就不会以丑陋甚至悲剧性的方式面对死亡。记者们对此一无所知，他们只知道两个黑人球员穿不一样的队服，道听途说一些矛盾，就认为球员彼此就是这样敌对的，所以他们试图煽风点火。不管你在现实生活中表达什么，他们都试图把争议言论扣在一个黑人头上，臆想这个黑人在攻击那个黑人。所以，你面对他们讲话必须要谨言慎行，尽可能简单一些。就这样，他们有时也依然能从鸡蛋里挑出骨头。

所以，你只能说“我们的对手很有天赋，执行力很强（至少在这场比赛中），我们在心态上犯了一些错误”。而心里话则不能说出口——我们明显是一支更好的球队，上个赛季我们获得 73 胜，这在 NBA 历史上前无古人，也可能后无来者。我们有两位历史级别的投手，我们不仅是一支优秀的球队，还是一支伟大的球队，一支打法前卫、战术严明、经验丰富的球队，我们是真正的冠军之师。当所有人整装待发，打出自己的节奏，那么，这个世界上就没有球队能够战胜我们。

这就是我内心的真实想法。我们是上届冠军，却输了球，我接受不了。但我不得不提醒自己，我们显然不可能赢下每场比赛。赛后我返回客队更衣室，走在那段漫长又安静的球员通道里，我就是这么告诉自己——我们不可能赢下每场比赛。我的球衣早已湿透，明天早上，膝盖肯定会酸痛。

通道里寒风袭来，我突然觉得自己有些发冷，身体瘫软，累坏了。我们不可能赢下所有比赛，我不想承认这件事，我讨厌这种说法。

当我回到更衣室，留给我们洗澡、换衣服的时间并不多，内心的愤怒和失望还来不及隐藏。我们来到对方的地盘，在他们的球迷面前输球，就是这样。记者都在等我们，我却只想在浴室里待一辈子，或者从更衣室后门偷偷溜出去，不跟任何人说话。记者们会把你逼到更衣室的角落里。一群人争先恐后地扑来，把麦克风怼到你脸上，问一些刁钻的问题。闪光灯不停，你甚至看不清楚他们是谁。被数十号人围着，而你只有一个人，日复一日。这就是工作的一部分，你无从抱怨。只是有些时候，当他们走向你，盯着你，逼问你时，你会觉得自己不像人。

在比赛中，我和裁判起了争执，虽然没有被驱逐或者领到技术犯规，但大家都可以看到，场上确实出现犯规了。你可以把这条也加进“免谈名单”里面——别说你的队友比对手更好，别说讨人厌的话，或者故作强硬的言论，因为你在这个联盟是打工的，你需要负责和大家共同营造一个梦。你绝对不能强调裁判。他们也是人，球员有时会犯错，裁判当然也会。裁判有时候会带着个人情绪，做出错误判罚，这一点你也绝对不能说。作为肉体凡胎，裁判的想法、感受和偏见有时候会导致他们看待事物出现偏差、错误，但你也不能对此有什么评价。我现在在书里写出这些，很有可能会面临5位数的罚款。

所以我就不多说了。

但是，在对阵森林狼队的比赛结束后，我之所以会闷闷不乐，不全是因为我们本应该赢球却没赢，还有一个原因。不管你怎么想，也不能否认世界上存在着种族差异，NBA 赛场上也存在，这与美国目前的种族形势分不开。有些白人裁判作为执法者，行为举止让人很不舒服。有些人，我指的不是所有人，不管你对他说话时有多么尊重，他都会觉得你冒犯他。他们想要控制你的肉体和精神，使其完全属于他们；警告你不要盯着他们看，因为看一眼就会领到技术犯规；当你的球队领先时，他们的哨子会瞬间改变局势；你一辈子都在和篮球打交道，他们却觉得你不够聪明，不能理解场上发生的事情；当你不拿他们当回事儿时，他们就会变得愤怒且敏感；他们还会侮辱你的智商。我们看过太多这样的人和事了，所以对此深信不疑。的确，在和森林狼队的比赛结束后，我很不开心，这也是原因之一。

记者们总是喜欢采访我，因为他们觉得我“很聪明”，大家怎么理解都行。他们认为我会提供对比赛更深层次的分析，并阐述我们队的情况。那天晚上，他们问我会不会担心球队陷入麻烦当中——仅仅是因为输了一场球而已。那时我们的战绩是 52 胜 13 负，他们却问我是否担心。我理解他们想制造话题，故意挖坑，所以我对球队的任何言论都会被放在显微镜下。如果你说并不担心，感觉他们一时又无法接受。似乎他们希望我们受到困扰，看到我们陷入麻烦，那样他们才会感到些许开心。也许，就是因为他们喜欢为联盟编造故事，或者其他什么原因。

所以，当他们问我是否会感到担心时，我想了一会儿，也许只有一会儿，随即反问“如果是一位不爱动脑的黑人，会怎么回答？”我能感觉到房间内的空气瞬间凝固。那个提问的记者是黑人，而且是当天晚上唯一的一个。他不安地傻笑，进退维谷。大家都假装不在意种族歧视的问题，为了生活，不得不演戏，但有时候我就是不想这么假。如果是一位不爱动脑的黑人，会怎么回答？“打得更努力一些，找出问题所在，平常我们不就是这么说的吗？感谢这个机会。”

我们不应该说比赛的糟糕之处，拿了钱，就该闭上嘴。有机会变得如此富有，可以送孩子去上私立学校，我们应该对此心怀感恩。为此付出的代价就是，我们不能自由发表言论，只能做待宰的羔羊。

我看得出来，记者们不知道怎么接话茬儿。片刻沉默后，我也不想再多说什么，神情有些游离。我应对采访太有经验了，知道从口中说出的话，接下来会不断发酵，引起一阵又一阵轩然大波。言论会被写手们断章取义，体育栏目主持人会对此感到非常愤怒。白人球迷也许会焚烧我的球衣，我不在乎。也许以后会后怕，但至少在那一刻，我一点也不在乎会发生什么。

“当你们有机会逆转，却还是输掉比赛，会不会更难接受？”一个白人问及这个问题。他试图转移话题，“你们最多落后 17 分，然后反超 1 分，但最终还是输了比赛，会不会更难接受？”

“不会，输了就是输了。”我这么告诉他。事情就是这么简单。那时我应该终止接受采访，虚伪地说一句“谢谢你们的提问”，然后转身离去。但我从来都不是临阵退缩的人，毕竟还有一个记者没有提问。

“你们几个人明天打算轮休吗？”他指的是我们第二天晚上的比赛。

记者采访过后，我们就飞往圣安东尼奥，接近凌晨2点抵达，在酒店睡几个小时后就训练，准备晚上7点的比赛。教练组想让我们几个轮休，我当然知道这件事。记者的意思是问我能否接受轮休。

“服从‘主子’的安排。”我这么回答他。

也许我不应该这么说，许多人都认为我不应该说这些。有时候，当我回想起这件事，也觉得自己不该这么说，但我还是说了。更衣室里，安静得仿佛可以听到一根针落在地上的声音。记者们脸上呈现出来的表情，就好像在餐桌附近游荡的狗，而我刚刚不小心丢下了一片肉。他们不敢相信自己的耳朵，那句话出口后，有那么一刻，我屏住呼吸，安静地等待着。记者们总是抱怨球员应付采访，恭喜你们，现在我终于没有应付了。

采访很快便结束了。

我们登上大巴。

接着坐上飞机。

那天晚上，比3月的正常气温还要冷，零下20度。登上飞机，我感到疲倦、挫败，还有愤怒。黑漆漆的机舱有些阴冷，大灯在我们面前闪烁着，勾勒出每个人身体的轮廓。我们呼出的气息慢慢升起，消散于那个夜晚当中。

在飞机上，我反复琢磨刚才那句话的动机。不太确定，于是浏览了一下推特，发现我已经上了热搜。我看了几条评论，有人认为我做的这件事很有趣，但是大部分人不这么想。我关掉手机，往后靠，闭上眼睛，尽量不去想这件事。明天或许这件事就会变得很麻烦。在未来的72小时内，每个需要面对镜头的黑人球员，都有权利表达他们的观点。

我为什么要说那句话?

我们球队里有一些年轻人，我把他们当作小兄弟。他们年轻气盛，涉世未深，虽然知道自己已经取得初步成功，但其中有几个刚刚还完贷款，住在简装的公寓里，汽车都是租来的，他们对NBA的生活还一知半解，我觉得自己有责任帮助他们，他们闻所未闻的事，我必须提醒他们。年轻的时候，周围人都羡慕我能在NBA打球。我和一个凯尔特人的年轻人聊过这事，他对我说，“以打篮球为职业，实在是太满足了”。我对他的知足深表理解，这个世界上，有400多人在NBA打球，我也是其中的一员。而我已经比99%的美国人挣得都多，还远超过99%的黑人，还要奢求什么呢?但是当我细究这事，难道我们仅满足于此吗?一些人对我们耳提面命，不能质疑裁判，不能宣称自己的球队强大，不能谈论任何篮球以外的事，仅仅把我们视为为五斗米折腰的赚钱工具。

但是，我们都是人类的一份子，不对吗?我们不得不面对挑战。大家把我们看作篮球运动员，仅此而已。但是迟早有一天，我们会和篮球说再见，那时我们要如何调整自己呢？我觉得自己有责任提醒朋友、新秀和队友，用我现有的机会和平台，帮助大家明白目前的情况。

我想睡一会，但死活睡不着。倒不是因为我一直思量接下来的几天内，这件事可能会愈演愈烈，也许我确实不应该这么做。第二天早上，香农·夏普在*First Take*节目中说我是如何不可理喻和无知，抨击我如何不尊重奴隶制和我们的祖先。我以前喜欢他，尊重他，也明白他这么说的理由，但结果依然使我感到难过。他把我描述为“油嘴滑舌”和“哗众取宠”，但就是没有考虑当时我其实在气头上。塞吉·斯蒂尔则说黑人不应该使用“黑鬼（nigga）”这个词，那么说自己显得很虚伪，他们甚至展示贾达基斯在一些节目中的言论，说我的发言简直不可理喻。整件事的发展实在是太不思议了，但那晚我在飞机上，并没有想太多。

我没有考虑到会被罚款，没有考虑到科尔教练。我知道科尔教练对此会感到生气，但他能理解我，并在公开场合支持我。我也没有考虑到队友，我想他们中的一些人会摇头叹气，在打背靠背比赛时，大家本就忙得焦头烂额，现在还不得不面对媒体，回答关于我言论的看法。对于他们面临的处境，我很难过，但是我知道他们会理解我的。他们会一笑而过，然后该干吗干吗。

我闭上眼睛，脑海里只剩下一个裁判的身影。比赛中有那么一刻，他看我的眼神，仿佛我什么都不是。

管不了那么多了，不要让自己陷入无穷无尽的懊悔之中。特别是客场之旅，也许我们更容易联想到阴谋论。也许，这就是人性吧。杜兰特在俄克拉荷马州打球时，每场比赛可以获得八九次罚球，而在他加入勇士队的第一年，这个数字变成6次。库里在勇士队的整个生涯，场均只有四五次罚球。我曾经在比赛第二天的训练中看到他的手臂布满抓痕，那都是比赛中留下的，裁判却没有吹。他是连续两届常规赛MVP得主，甚至有一次是全票通过，很难想象他每场比赛的境遇竟然如此险恶。大部分场均30分以上的球员，得到的罚球都比库里多。

在一场比赛过后，对方的助理教练给我发短信，我们年轻的时候就认识了。他对我们在比赛中能保持冷静表示赞赏。我问他："你什么意思？"他回答我："我们的比赛计划，就是尽可能对你们犯规。每个暂停，我们都告诉球员，尽可能侵犯你们的持球手，反正裁判视而不见。"

尽管我一直都有这种感觉，但还是感到很惊讶。联盟里的人竟然能如此直截了当。为什么会有这种情况发生呢？因为联盟觉得我们队太强了吗？难道我们击败对手会降低联盟关注度？所以他们就使下三滥手段让我们有机会被打败，每场比赛都默许对方侵犯我们？真是太疯狂了，简直是有预谋的。如果你像我一样爱篮球，这么多年一直和它打交道，你就会发现其中的反常之处，太明显，也太疯狂了。你来到一个偏远的城市，这里的球迷们冲你大呼小叫，让你滚蛋。记住，这个国家是特朗普在执政。裁判不允许你盯着他们，你在公开场合的那些言论，得到的回复是"别抱怨了，闭上嘴，拿钱就行”。整个国家都疯了。你想看淡这一切，不想迷失自我，但现实就是这么冰冷，你只能一遍又一遍地开导自己。

但大家都知道，许多问题都是自己造成的。一个球员的名声可能会让裁判先入为主，有时候，我们也会对裁判有一个预判。我们可能和他有过节，或者看过他在另一场比赛里如何处理特殊情况，也许这样就会带入太多主观情绪。所以，当我们不同意接受某次吹罚时，会有过激情绪，也许只是因为大家了解那位裁判，先入为主了。

很难说那个赛季到底是轻松还是艰难。我只知道，最终的总决赛上，我们用 5 场比赛击败克利夫兰骑士队。

9

回家

一个比赛日，我们的对手是密尔沃基雄鹿队。那时接近赛季尾声，感觉日子漫长又坎坷。我们当时的战绩是58胜17负，还不错。但球队只排在西部第二，休斯敦火箭队雄踞西部第一，每个人都对此说三道四。火箭队引入了克里斯·保罗，加上原有的詹姆斯·哈登，球队势如破竹。他们足够团结，众志成城，似乎球队状态正盛。赛季伊始，他们还差点儿闯进对手更衣室打架。太有意思了，我们感到忍俊不禁，因为我们至少都有一两次这样的冲动。虽然球场上的事情应该在球场上解决，但他们敢这么做，说明他们无视一切，佛挡杀佛，敢跟任何球队叫板。当一支球队拥有足够的天赋、经验和优秀的教练团队，那么他们就可以大干一场。

不过，我们可一点也不怕火箭队，或者其他任何球队。只是赛季还没有结束，总不能提前回答关于西部决赛的问题，后面还有的是时间。我们不介意那些问题，但确实介意问题背后隐藏的涵义——勇士队不行了。我们三年两冠，没有拿冠军的那年，我们也在常规赛取得73胜9负的战绩，只输在了总决赛第七场的最后几分钟。当你获得这些荣誉后，仍然有人不看好你，这会导致两件事发生。其中的一个，就是你会非常生气。我们不是靠抽奖赢得的总冠军，而是作为NBA最好的球队，战胜了许多伤病，每天早上8点看录像、练力量，才得到的总冠军。所以，当人们对球队产生质疑时，我们当下会非常在意。如果我没说错的话，我们当下的身份可是上届冠军。

另一件事源自我的发现，所有人都希望我们球队打得跌跌撞撞，不能轻易赢下比赛。每个人都崇拜强者，但前提是他们不太强。看看新英格兰爱国者队，当汤姆·布雷迪还是默默无闻的替补时，他带领那支鱼腩球队最终得到冠军，堪称年度最励志的故事。而现在，他们已经拿到5个冠军了，变成NFL最招人烦的球队。他们犯了什么错？不就是一直赢球吗？有一句民谚，“人们希望帮助你成功，然后再让你失败”。我不知道为什么会这样，但事实就是如此。2016年，当我们赢得第一座总冠军奖杯后，舆论没多久就发生了变化。有人说勇士队的存在损害了NBA，因为实力太强，破坏了联盟平衡。在过去的几年，你可以明显感到媒体报道风向在转变。格林以前是一个争强好胜的人，是球队的发动机，现在则被描述为口无遮拦的球员，打球肮脏。库里以前是一个完美天使，谁都想让自家姑娘嫁给他，现在则变成记者笔下“傲慢的家伙”，还得多受点罪。以前的勇士队球员是从丑小鸭到白天鹅，现在却变成了邪恶军团的一员。这么说也情有可原，毕竟写手们通过诋毁我们，可以获得更大的流量，如果某个球队击败我们，可以名留青史。总之，我们赢得越多，麻烦也就越多。过去三年，我们给篮球界贡献了最精彩的故事。而现在最好的结果，也许是我们跌落神坛，再次沦为失败者，重新去证明些什么。

上午10点，我们会在奥克兰市中心的万豪酒店训练馆练习投篮。于是我把闹钟设在7点50，计划收拾完行李，8点半左右抵达训练馆。

昨天，我带着儿子跟我一起训练，后来一起在后院做披萨，玩投篮游戏，打高尔夫，扔豆袋，很有趣但也非常累，忙到晚上12点45才上床。倒下的那刻，简直要累瘫了，睡得像个死人。早上我睁开眼睛，感觉自己实在太累了，又把闹钟调到8点25。即使晚一些到健身房，训练时间仍然足够。当我再次睁开眼睛，感觉房间的亮度不对劲，一看表，居然已经9点了！我感觉时间过得好快，在不好的事情发生前，也许这就是预兆。

我想立即从床上爬起来，但身体感觉像灌铅般沉重。我盯着天花板，想到人类的身体根本无法承受82场比赛的摧残。只是我们强迫自己咬牙坚持，不断训练，注射富血小板血浆，依赖越来越先进的科学技术。直到最后，我们强迫肌肉、骨头、关节无限透支，直至报销。我可以听到自己两边的膝盖咯咯作响，像地窖的破门发出的声音。我的胯部，特别是左胯，一直隐隐作痛。我的背部僵硬，感觉脊柱被压上了至少5斤重的石头。而疯狂又漫长的赛季远未结束，今晚就有比赛，然后一场接着一场，直到我们打进季后赛。那时，比赛就要以命相搏了。

我躺了一会儿，感受身上的每处疼痛，弄清疲劳和感觉不适的地方。我多花的时间，不会白费。打了 14 年职业比赛，现在我的身体不同往日。我也逐渐知道怎么合理应对工作，张弛有道，更加关照自己的身体。投篮训练可以稍微放松一些，毕竟关节已经吱吱作响。如果我不管不顾，当晚的比赛就会遭到报应。我今天感到左膝很不舒服，得多花点时间让它休息，训练后再睡一会。

车上，我在听尤瓦尔·赫拉利的《人类简史》。这本书更偏侧于对历史的思考和探索，阐述了数百万人类祖先如何创建人类社会，而同时期的其他动物却只能组成数百成员只谋吃喝的族群。书里谈到了金钱和宗教，它们都是人类共同想象出来的产物，大家觉得它们很重要，但追其本源，实际上并没有太多意义。NBA 总冠军也是如此，还有比赛，3 万人在球馆里面呐喊，而场上的你，正在木地板上追着一个球跑来跑去。

那天早上，奥克兰的天空乌云密布。我将轿车停在健身房顶上，看到灰色的云朵像羊毛毯一样笼罩着这座城市。我挣扎着走进健身房，感觉自己仿佛一下子老了几十岁，虽然我已经来过成百上千次了。在早期球员生涯中，每个比赛日我都会加练——如今已经没了那份冲劲儿了。

我比平常晚到健身房一个小时。一般我会在 8 点半抵达，练到 10 点，一个半小时的训练能使我更好地应对晚上的比赛。而那天早上由于迟到，我得抓紧训练，我讨厌这样。随着年纪增大，我需要更长时间来做准备活动。队里有一些年轻人，他们可以吃着薯片，嚼着华夫饼，再喝一罐巧克力牛奶，跑到健身房狂练半小时力量，再慢跑到球馆，在场上全速冲刺。这样的日子对我来说实在太久远了，现在我必须谨小慎微，做好每一步。在我这个阶段，每分钟都得物尽其用才行。

吃完水果，再喝些水，我便奔赴训练房，跟那些难缠的家伙见面。训练师把训练重点放在我的膝部、背部和胯部。我左胯高于右胯，几年过去，身体代偿性调节功能对膝部和脚踝承受更多压力，这导致出现了更多的问题。我就这么躺着，训练师按摩我僵硬的韧带和肌腱，缓解疼痛。从高中开始，我的双膝就患有腱鞘炎。大部分时间我感觉不到，但今天不同，每一次疼痛我都感受得到。

我进入健身房，躺在椅子上准备进行第一项训练。开始前，我闭上眼睛，调整呼吸，感受身体的每一部分。我的背部紧贴在冰冷的长凳上，双脚踩地，胸部上下起伏。双手紧握杠铃，防滑槽嵌入皮肤，我能感受到它有多么冰凉。我把呼吸调整到近乎没有，有那么一刻，感觉自己灵魂出窍。下一秒，灵魂入体，我不得不面对这些。节奏刚好，感受重量——我需要让自己从始至终做好准备，每块肌肉都蓄势待发，每次呼吸都恰到好处，要不然就是浪费时间消耗体能。而我，已经没有多余的体能可以消耗了。

冥想过后，我觉得自己活了过来，今天必须完成训练。

10点整，准时响铃，球馆训练就要开始了。这个声音总是极其聒噪，但今天感觉尤甚。我们涌入球馆，在一侧找地方坐下。尼克·杨在和格林开玩笑，打赌格林能否在那个位置单手把球投进，后来他投出的球磕到篮筐前沿。当格林要把赌注翻倍时，大家都笑疯了。教练们正在调试录像，为今晚和雄鹿队的比赛做准备。

当录像开始播放时，现场的气氛就变了。我们很专注地看着，默不作声，寻找防守雄鹿球员的方法。教练们有个计划，一内四外，不停轮转，伸缩、层层封堵。格林主防“希腊怪物”字母哥，那个几乎包揽全年最佳进球的2米11大个子。我们还详细分析了其他球员的场上习惯，克里斯·米德尔顿喜欢持球推进，贾巴里·帕克更多偏向于单打，雄鹿队的第二阵容会打许多转换进攻。

我没怎么说话，但要点全都记住了。在我们的防守课上，格林就像一个优等生。他保持专注，同时记笔记。当教练们有新的部署时，他们不是去告诉格林，而是询问他的看法。这也是我在NBA工作最喜欢的一个环节，自己像是学生，认真观看录像中每个回合的细节。我很喜欢这种感觉。

球馆有4个球场8个篮架，两端墙上各有1个篮筐。我们入场后，随即分成几个组开始训练。音乐响起，是“二链子”和“坎爷”韦斯特的《生日歌》，球馆一下子变得热闹起来。肖恩·利文斯顿正在和助理教练沟通，想进一步打磨进攻技巧。格林和别人在练习低位脚步。库里仍然处在交叉韧带损伤的恢复阶段，他用手机拍摄着一名助理教练投三分。扎扎·帕楚利亚在练习中距离投射。

克莱和我正专注于中距离接球投射训练。他的右手拇指缠着绷带，却丝毫不影响他的精准射术。我喜欢和他一起练习投篮，他柔和的手感似乎还能感染到我。接下来加入运球，需要非常精确地跑到一个位置出手。做一些运球动作，然后背后运球，往前突两步，左边或者右边都行，再后撤一步，直接出手，不断重复这套动作，必须非常精确。之后，我们还是一样的套路，但在做跨下运球时会加入假动作，有点像跳爵士舞的感觉，往右突两步，出手。接着是三分线内的背后运球接投篮，以及纯粹的接球出手。此时，球馆里正播放布克和MG的《大葱歌》。训练不能停，底角跳投和罚球练习结束之后，我已经汗流浃背了。

接下来，我们进行所谓的“5-1-OK”训练，这是一种全场游戏，大家在攻防角色之间切换。一个人防你，你要选择时机切入，撕破防守，然后再换对方进攻。我会慢吞吞地等待，时机一到，全速冲刺，这是目前唯一能让我全速冲刺的方法了。我并不是需要用这个方法训练自己——我更在意背后的影响。我们队有一个年轻球员掌握不好切入的时机，总是早一秒。所以我得让他看清我是如何做的，分毫都不能出错。切入过早，会让内线过于拥挤；切入太晚，无法甩开你的防守人。如果说足球依靠位置和距离，那么篮球则更多依靠时机。需要不停阅读场上的局势，拉开空间。如果对方松懈，放空一个位置，那就绝对不要错过。一切都要计算得非常精准，像瑞士手表一样，齿轮和齿轮之间严丝合缝。球馆又开始放由特雷和李尔·韦恩的《最可爱的女孩》。

回到罚球训练环节，我感觉状态不错，体能储备足够。有那么一刻，我想到身上那些疼痛和关节异响已经持续13年了，它们不会轻易消失，但就我目前的状态而言，还不错。

训练结束后，我和在场的一家人握了手。他们一家四口，父母带着两个孩子，大的是男孩，小的是女孩，我跟他们打完招呼，也不知道他们是谁。于是我们互相寒暄，问了问名字。接着我跑到餐厅，总不能一直待在理疗室。本想在理疗室看场高尔夫球比赛，但其中一个训练师霸占了那里的电视，看棒球比赛揭幕战。于是，我在餐厅坐下，看电视里面的李·露西比赛，她才15岁，就成了美国女子职业高尔夫球巡回赛的最年轻冠军得主，已经是高尔夫球界冉冉升起的新星。当我了解她之后，就把她视为一个励志的代表。从无人问津到站上梦想之巅，她身上仿佛有什么东西触动了我。

此刻，我坐下来，卸下今天训练的所有压力，又能感觉到膝部酸痛了。我用厚厚的冰袋裹住膝盖，很快我的全身都会浸泡在冰水中。膝部的腱鞘炎一直未消，但是今天，我真的可以感觉到膝部的每寸肌腱的样子。在我的脑海里，它们变得又红又烫。

训练师走进来，问我知不知道刚刚那一家人是谁，我说不知道。他告诉我，2017年10月，拉斯维加斯枪杀案，一个男人拿枪向参加音乐会的观众开枪，造成58死851伤，死者名单里面就有这个家庭的第一个孩子。训练师走后，我坐在那里，陷入沉思。我的膝部仍然感觉灼热，左侧胯骨有些疼。就那么坐着，那一刻，我庆幸自己还能坐在这里。

经历高强度的训练过后，离开场馆，我感到疲惫和满足。雾气渐渐散去，从屋顶的位置我可以将奥克兰市貌尽收眼底。伴随着汽车轰鸣声，行人的笑声，一辆卡车的倒车声音，城市向远方延伸开去。我抬头仰望，一只白鸽消失在视线中。此刻，我由衷感到幸福。

又到就餐时间了。吃饭看起来是小事，但也许是我一天中要做的最重要的决定。那天早上我卧推 197 斤，比我常规赛的理想重量要少 2 斤。最佳状态时能推 198 斤到 199 斤，超过这个重量，我的关节就该感觉不对劲了。有次我像头牛一样推起 206 斤，结果在比赛中简直要把对手掀翻。力量是很大，不过不能持久——206 斤是不可能一直保持的。当卧推重量在 197 斤以下，比赛时，我在防守端就会很被动，对方可以在内线把我推来推去，卡住我的位置，不让我抢篮板。只有卧推超过 199 斤，才能正面硬刚詹姆斯，也只有他需要这种特殊对待。出于健康的原因，那段时间我会坚持吃一些素食，但我无法做到全部素食，因为那样是不可能推动 199 斤的。所以我会根据自己的状态调整饮食，那天我决定吃肉。

在晚上的比赛到来之前，我要做的就是充分休息。回到家好好放松一下，看《办公室》第 5 季第 20 集（以前正好看到这集）。通常我会同时看三四部连续剧，《亚特兰大》《芝加哥故事》《亿万》和《生活大爆炸》就是当时在追的剧。我看了三集电视剧才午休。我知道，当我再次醒来时，一切都将变得不同，比赛就要开始了。

我喜欢听音乐，为自己汲取能量。Jay-Z 的歌现在就能给我能量，我可以反复循环播放。今晚，我听的专辑是他的《合理怀疑》，在去比赛的路上反复听。不管歌曲放到哪里，下一个比赛日我都会从头再听，绝不会在中间开始。以前练得太辛苦，去比赛的路上需要好好恢复状态，音乐就起关键作用。我也会听其他人的歌，比如肯德里克·拉马尔、尼普希·胡塞尔等。但最终还会回到 Jay-Z 和肯德里克的歌，他们的作品直入人心，完美动听，其他人的作品难与之相比。

下午 5 点 15 分，我抵达球馆，从入口走进去，穿过安检口和摄像头区域。我带来一些朋友，所以我得确保大家都能通过安检。由于常规赛临近结束，甲骨文球馆的安检愈加严格，得为季后赛做好准备，也许还会打到总决赛。届时，世界各地的记者都会到此集结。

安顿好朋友，我就得离开了，他们必须在接下来的三个小时里自己照顾自己。因为我除了比赛，什么都顾不上。准备环节跟往常一样，吃点东西，拉伸，训练师给你按摩，然后穿上球衣准备热身。记者会在这时出现，你则在场上随意投篮，7 个不同的投篮点，每个点投进 5 球。然后是上篮，低位背打，跳投。如果有一个点的最后一次没投进，你就不能移到下一个点。这时观众开始入场，不过我注意不到。现场 DJ 正在调试音效，我也没在意。大屏幕开始播放我和特纳电视网合作的一档节目《安德烈的日子》，讲述我和贾维尔·麦基去亚特兰大的一家工作室发生的事情，当时正播放我最喜欢的一集，尽管自己出现在大屏幕上，我也不会太在意。我满脑子都是篮球，只想着赢下比赛。

7 点 37 分，双方准时跳球，从一开始我就觉得有些不对劲。开局雄鹿队打出 10：2 小高潮，而我们投失了好几个球。贾维尔错失一记空接扣篮，但是杜兰特投进三分，回身贾维尔给字母哥送上一记盖帽，比赛进入暂停。第一节打到5分钟左右换我上场，比赛很胶着，比分来到18：16。我第一次进攻打进，然后失误，不过在下一次快攻时再次得分。杜兰特出手三分，字母哥犯规，不过裁判没吹，这只是个开始。

尼克·杨和扎扎·帕楚利亚进入到轮换当中，还有贾维尔·麦基和新人控卫库克。库克暂替受伤的库里。我尽可能地盯紧对位球员，但换防时，我遇上了字母哥。我的天，他的速度太快了，一个转身就把我抹过去完成上篮。回过头来，杜兰特摆脱防守人，但是终结的时候没打进。在防守端，大家有些蒙圈，我被字母哥结结实实地挡了一下，另一边，我又不小心撞到正要空切的杜兰特。我没感觉太累，只是有些提不起精神。我快速检查了全身上下，左膝有些疼，但总体来说不碍事。这场比赛已经是本赛季的第74场，在这个时间节点，没有人的状态是完美的，除了那些刚从发展联盟调上来的家伙。

随后的比赛状况频出，我们先是传丢球、进攻超时违例，然后是运球失误。全队一再犯错，有些消沉。最重要的是，今晚我们感觉彻底被针对，裁判的吹罚让我们不知所措。我不知道他们是不是故意的，但我们确实要严肃对待下面的比赛了。也许这就是漫长赛季的疲劳期，每个人都会感觉有心无力。我感到球队的士气低沉，气氛有些压抑，这是从以往的赛季和比赛中累积下来的。双方在比赛中僵持不下，谁要一蹴而就带走胜利都不太容易。

我成功断下一球顺势发起快攻，跑到前场时发现，对手的防守人已经落位。我只好先控住球，等待队友支援，随后球被对方捅出界。我正准备发界外球，突然想到年轻时，都是我一马当先直杀内线，那样的日子已经一去不复返了。随即我找到篮下的大卫·韦斯特，把球传过去，他轻取两分。

回过头来，我努力协防字母哥，有一个回合我们成功把他逼到底线的位置，陷入双人包夹。但他还是把球转给了詹宁斯，后者接球张手射进三分。整晚比赛，我与詹宁斯对位给我的感觉就像这样，顾此失彼，着实不易。场地内的灯光更亮了，音乐愈发嘈杂。格林在一次突破时被打手后仍然把球投了出去，但裁判竟然判他进攻犯规！此时比分是38∶40，我们落后两分，不断的失误让我们感到沮丧。字母哥在我们头上重扣得手，好在库克及时做出回应，一记三分球使比分没有拉开。老天保佑我们有这群优秀的年轻人，他们没有躺在我们的功劳簿上坐吃山空，而是为自己能在勇士队打球感到由衷的高兴。

同时，我在防守詹宁斯的时候领到一次犯规。我又看了一遍大屏幕上的回放，简直太荒谬了。球迷开始发出嘘声，我试着不被判罚影响。全队保持着专注，但在我们连续6次失误之后，对方趁势打出一波14∶2的进攻高潮，即将结束半场比赛。

比赛形势急转直下，杜兰特随后杀入内线造杀伤，裁判没有给哨。他有些郁闷，看向裁判，但没有得到回应。于是，杜兰特有些失控地大喊“快吹犯规啊！”（可能用词比这个更偏激）。果不其然，他领到本场个人第二次技术犯规，被驱逐出场。

一切的安排都被打乱，球迷嘘声如瀑布般倾泻而下。大屏幕一遍又一遍地回放那个回合，这居然没有吹犯规，难以置信。人声鼎沸，观众齐声喊着“裁判，你太烂了！”震耳欲聋。杜兰特一脸懊恼，径直走向更衣室，不停摇头，这个比赛可不能在半场就结束了。我们也纷纷下场，漫天嘘声不断。场边有一支300人左右的夏威夷舞蹈团队候场，大部分是孩子，就等着中场结束后上场表演。现场观众的嘘声仍未停止，但表演的孩子们显然没被吓着，看起来准备充分。和我们一样，他们想必已经为此刻付出成百上千小时的努力。有些时候，这项工作令人感到矛盾。

在中场休息的更衣室里，许多人说的话我不便在这里复述，只能说没有人是开心的。科尔和教练组做得很棒，他们尽量让我们保持专注，回到比赛的部署当中，掌控目前所能掌控的事，诸如此类。我们队的失误太多了，在防守端不断漏人，看起来一点也没有冠军之师的影子。球队是一个整体，但我们看起来可不像。

下半场开始，我们第一次进攻就以失误告终，然后又投了一记三不沾。基本可以确定，这场比赛我们就要这么交代了。虽然还是有几个回合让我们感觉比赛没有结束：库克打成快攻，帕特里克·麦考和格林连续上演空接暴扣。但胜利似乎渐行渐远，三节结束，我们的失误数达到16次，而雄鹿只有8次。

第三节打到4分46秒，我换下格林，那时我们61∶78落后，比赛逐渐失去控制。尽管如此，帕特里克·麦考还是投进了一记三分，凯文·鲁尼跳投得手，我们决不放弃，战到最后，内线得分我们44：28领先。我想在场上及时发挥作用，所以持球推进，篮下卡位，什么都做。一次转身中距离出手，球没进，下落的时候我感到不对劲儿，糟糕，左膝剧烈疼痛。我试着往场内跑，但每一步带来的疼痛感都在加剧。教练组发现我表情狰狞，在下一个暂停换我下场。

三节结束，我们落后20分。当然，最后输了比赛。比赛过后，大家心情郁闷，更衣室内格外安静。是个人都会为此感到愤怒，但我们不行，还要合理控制情绪，赶快翻篇。

故事的走向发生了改变，真有意思。我们队的所有球员都带着伤，包括克莱和库里。杜兰特好不容易回归球队，一场比赛还没打完就被罚出场。格林又因为盆骨被撞伤即将缺席一周。对于那些外界的影响，我们不想多嘴，只能说“我们打得不够好”。但事实上，外界的舆论确实影响了我们。当晚的比赛，我们试图弄明白新阵容该怎么配合，尝试打得强硬，尽管有些沮丧有些疲惫，但还是要保持专注。

2015年，我们还是“用正确方式打球的球队”。年轻，有活力，吸引千万球迷关注篮球这项运动。球迷告诉我们，他们有20年没看过这么精彩的比赛了，因为我们，他们再次对比赛充满热情。我们真是好球员。如果你仔细思考这件事，事实上，我们之所以能如此出色，还因为其他事情。库里加入NBA前几年，脚踝饱受伤病困扰。2011/2012赛季只打了26场比赛。即便他很出色，值得续约合同，但是球队好像并不会给他顶薪，因为伤病确实是一个潜在的大麻烦。所以他的年薪不高，使球队能够有薪资空间签下我。如果库里的脚踝在那几年保持健康，那么整支勇士队阵容将会与今日完全不同。有时我会觉得我们队是天作之合，对的时间，遇上对的人，做了对的事。

时过境迁，在某些人眼中，我们变成坏家伙。在杜兰特来之前，口水就已经开始铺天盖地袭来，而他来之后，大众对我们盖棺定论——勇士队十恶不赦。每件事都被无限放大，人们利用一切机会诋毁我们。

祝福和诅咒并存，我们再次背上沉重的枷锁艰难前行。我们所做的一切都是为了追求我们的梦想，体验胜利和成功，但其中还是很有人情味的，不全是因为钱。但你还是会觉得不对劲儿——数百万人受你影响，不是因为你做的事，而是因为你被外界定义的样子。这种负面影响也直接进入了球场。我们知道大多数球队对于我们的作战计划，都是要上强度，给我们颜色看，反正不论怎么做都不会被吹犯规。

对我们球队的大部分人来说，打球不只是一项职业，还是我们的人生追求。大家倾其所有，打磨球技，粗暴的打球方式就是在伤害篮球运动。如果你敢于发声，有时反而会伤害你自己。所以，闭嘴打球似乎是最好的办法。

你应该做真实的自己，但也别太真实。谨言慎行，有所保留，因为球迷只想听到他们想听的内容。长此以往，你会觉得自己无法做一个普通人。

的确，我们收入颇丰，所以要怎么平衡这一切呢？作为职业球员，根本任务是专注打球，如果实在憋不住，谈论话题也得在NBA的规定范围之内。也就是说，说话的自由被牢牢限制。

像这样的夜晚，经历这样的比赛后，我坐在回家的车上，感觉周围更加安静了。万物变得阴沉、孤寂，我必须要让自己的心境不再沉沦，虽然有时候真的感到手足无措。伤病、疼痛、汗水、软弱，除此以外，还有自由和束缚并存的感觉，热闹和孤独常常是同时出现的。我坐在一辆漂亮的车里，引擎安静无声，我听得到脑海里的每个声音，心脏的每次跳动。身体愈加沉重。当我驾车穿过隧道，朝我家的山谷中驶去时，我感觉孤独。尽管不真实，但我的确感觉自己驾驶着高速路上唯一的车辆，独自在这个漫长、压抑又空虚的夜晚穿行。比赛总会有下一场，在这个时间点，我只能这么安慰自己，一切都会好起来的。

2018年总决赛上，我们横扫克利夫兰骑士队夺得总冠军。这次总决赛既是最艰难的，也是最简单的。说它艰难，因为我们已经连续4年站上总决赛舞台上，心理和生理上都倍受折磨。那年伤病尤其严重，和火箭队比赛时，我大部分时间坐在场下，因为第三场比赛中詹姆斯·哈登撞到了我的膝盖，让我不得不缺席和火箭队的剩余比赛。那轮系列赛最后打到抢七才分出胜负。

缺席比赛对我来说也是一个有趣的经历。我得以从不同视角观察比赛，还能和年轻球员讨论。但是，我也因此意识到，哪些人真正在乎我能否继续打球。他们会直接问我“你什么时候能重回球场”。我见到的每位球员、朋友或者不算太熟的人，都给我提供他们听说过的治疗方式。球队总经理鲍勃·迈尔斯曾经对我讲过如何分辨真正的朋友，在他们需要你和不需要你的时候，从对待你的方式差异上，就能看得一清二楚。受伤期间，我确实看清了哪些人才是真正的朋友。

总决赛的对决很快就结束了，我们战胜了骑士队。詹姆斯打得非常好，但整体而言他们队表现不如我们。第四场比赛，三节结束我们已经领先了将近30分，这次我选择尽情享受比赛结果。我和球队的每位成员都掏了心窝子，告诉他们，自己有多么喜欢、尊敬他们。我对库里说，他的诚实、坚定的信念、始终如一的善良深深地影响了我。我和他打了5年球，从未看过他大发雷霆或者丢失风度。我对杜兰特说，他是我见过最具天赋的球员。我还告诉科尔教练，没有人像他一样，教会我这么多应对比赛的经验。一个接一个，我对团队的所有人都说了一遍。大家都是好兄弟，我还告诉队里的年轻人，我爱他们，相信他们，也想帮助他们。就像我刚加入NBA时，那些前辈对我做的一样。我还对年轻人们说，听科尔教练的话，享受当下，享受这个时刻。

接下来，我的第14个休赛期来了。这次对我来说，NBA赛季不只是存在于日历上，似乎还融入了我的生活，深入骨髓。听起来有点奇怪，从季后赛开始，强迫自己专注打球，也许这才是我本来的样子。进入季后赛阶段，尤其总决赛期间，我的生活里只剩下比赛。在家，仿佛置身比赛中；躺在床上，也像还在场上。就连休息日，我满脑子想的也都是场上那些比赛回合，以及其他本该发生的事，争取下一次上场可以做得更好。我的脑袋容不下其他事，沉迷于对比赛的思考中，心中只有那枚戒指。它耗尽了我的精力，但我无怨无悔。

突然间，一切戛然而止，我得到了那枚戒指。漫天彩带飞舞，香槟喷溅，庆功游行一波接一波。成千上万条短信和电话轰炸过来，令人难以置信。你会突然蒙圈，不敢相信，仿佛疲惫地做了件天大的事，让全世界的人都看到了。每个人见到我都会问“总冠军，感觉怎么样”。我发给每位队友短信的开头也是“总冠军，感觉怎么样”。朋友、教练、兄弟、家人同样会来问我“总冠军，感觉怎么样”。太不可思议了。就像坐在地上抬头看向天空的烟花，焰火慢慢飘落。仿佛置身梦境，让我不想醒来。

但一切慢慢回到正轨。新鲜感逐渐消失，幸福的眩晕感也逐渐消散。夜深人静，我意识到自己别无他求，只想回味胜利，因为每个人都跟你这么说。你尝试一个月内不去想和篮球有关的事情，陪孩子玩耍，与家人旅行，采购一些一直想买的东西；不用 8 点就去训练，不用每周 5 天奔波在外，踏实地在家里做妻子的老公、孩子的爸爸。一个赛季打下来，身体上难免出现韧带撕裂、肌肉劳损、关节磨损、跟腱挫伤，我不得不请医生介入，以便身体得到彻底康复。你得接受治疗，为了让身体能尽快恢复；你觉得自己像一台停在修理厂的赛车，刚经历过无比惨烈的比赛；为了让家人和合作伙伴能过上更好的日子，你还得抽出时间开会，处理投资项目、媒体项目、品牌合作、授权许可等。你充分利用每分每秒，把所有杂事都理顺，还得抽空休养，享受当下难得的闲暇！所以只能尽力而为。当你突然回过神来，不知不觉一个月就过去了，又要回到球馆训练。

8 月初重回球馆，休养效果立竿见影，双腿变得敏捷，体能充沛，让你回想起始于童年的篮球初心。仿佛意料之中，队内每个人都觉得我们新赛季能打出巅峰水平，跃跃欲试。不管上个赛季发生了什么，这个赛季都会变好的——我和每个在 8 月份开始训练的球员都这么想。

这种感觉，就和在学校上学一样，对新学年充满期待，迫不及待地想知道自己被分到哪个班，兴冲冲地穿上一身新校服，满怀期待地出现在校园里，让大家看到你暑假的变化。8 月份的球馆，就有这种感觉，每个人都迫切希望训练营赶紧开始。这个休赛期结束，下一个休赛期还早着呢。你已经去了很多地方，买了想买的东西，还去了酒吧、参加聚会。但现在你得把心收回来，放到球馆里了。

时光飞逝，训练营终于开营，我回到了自己习惯的节奏。现在我浑身充满力量。开营第三天，我就期盼“把这破训练营赶紧结束，让我们去大杀四方”。

赛季首秀马上就到了，这是我在日历上标注的重要比赛。身体里的肾上腺素刺激着你，想去干掉所有对手。这场比赛不赢三四十分，就算我们输。

新赛季开始，形势逐渐明朗。有些球队打得不错，也有些球队越打越差，每支队伍都在参与新赛季角逐。我们开局的强势一直延续到12月初。那时，赛季刚打完30场比赛左右。然后有一天早上热身前，我猛然意识到，赛季怎么才过去这么点？尽管打了十多年职业比赛，每年我还是有这种感觉——怎么自己这么累，赛季怎么过得这么慢。即使万般厌倦，至少得坚持到圣诞节，很多球员都是这么想的："撑到圣诞节再说吧！"

如果你效力的球队状态不稳定，比如11胜19负，你得克制自己不要摔毛巾，不要对这个赛季失去信心。如果你的球队很棒，千万不要觉得比赛没意思，不要盲目自大、目中无人。到了1月份，有些首发会开始适当轮休，比赛逐渐要依靠板凳球员的发挥了，这些家伙需要保持住球队的战绩。球队需要板凳球员不仅为了赢得比赛，还是对赛季续航的保障。

1月将过，2月临近，球队不能松懈。教练组怪招频出，举办乒乓球大赛，还会组织大家一起打保龄球，时不时把训练放在室外。球员之间互相插科打诨，格林尤其喜欢这样，故意捉弄人，你会被他逼急说一句"格林，我要好好收拾你"。之后的某场比赛，如果你打得比以前好，格林就会在更衣室拍拍你说，"看到没有？！要不是我刺激你，你怎么能打得这么好！"

终于，赛季来到了全明星周末，再不来人们就要憋疯了。如果你们队一直赢球，那么球迷这时会不开心，因为这意味着两天没有比赛，看不到你们暴捶对手50分。如果球队一直输球，接下来球迷就会纷纷转让自己的季票，或者有票也不去现场给自己心里添堵。而球员只得熬到5月份。

在全明星周末，你可以选择参加聚会，或者宅在家里。如果你在联盟打得够久就会知道，聚会其实没什么意思，太闹腾了。你那时只想好好休息，休养生息，赛季真正的厮杀即将开始。

等全明星周末结束，全队重新集结，球队一般会召开会议，又是那些老生常谈："听着，不能再混了，战斗马上就要开始，我们得沉住气。这几个月打好比赛，慢慢提升状态，直到站上最后的舞台"。你会发觉，一切都变得不一样了。训练氛围不一样，教练组的态度不一样，队友间的玩笑话也越来越少。新秀们会纳闷，不知道这支他们待了半个赛季的球队到底发生了什么事。全明星周末之后，你要做好准备，干掉所有对手；你会收心，避免出现伤病。尽管每个人都会因为某些伤病缺席比赛，但心态必须始终如一。大家会彼此提醒，上场之后可别轻易丢球了。

季后赛来临。不管你常规赛后半段有多么优秀，进入季后赛，一切归零。全队化身特种部队，信息战也陷入白热化。在常规赛中，教练组分析对手时会说，"只要这家伙走右侧，你们就在这里包夹他，把球断下来"。但到了季后赛，我们甚至会掌握对手的生活方式，吃什么早餐，用哪只手开门。赛前会议就像战略分析研讨会。"库里，你怎么看？"于是库里开始详细阐述他对防守人的看法。"克莱，你怎么看？"然后克莱也跟库里一样发言。接着是我、格林、大卫·韦斯特、杜兰特。我们不仅分析对手，还把对手当成可能要你命的人去研究。与比赛胜利无关的话，到此为止。我记得尼克·杨第一年刚来的时候，在第一次季后赛会议后说，“我去！我们肯定拿冠军了！”

接下来，你回归比赛，充分准备，信心满满。无论在家里还是在床上，你都仿佛置身赛场。没有比赛的日子，我们也在不断复盘。精力已被消耗殆尽，而你只能接受。

但是凡事总有始终，在训练营开始前的几天，感受尤其明显。比赛时间临近，天气转凉，我知道要回归赛场了，夏天的休整就要结束。时间所剩无几，我也知道自己的篮球生涯行将结束。夏日慢慢告别，我的身体状态也逐渐下滑。尽管我早就知道，运动生涯都有终点，但是我们却不愿面对。时光老人会猝不及防地给你一击，就好像你花了一整天为客人准备晚餐，但却不知道他们什么时候到场。没有人能预测未来，但作为球员，我们都知道该来的必然会来。

故事的走向，大家都不意外。当球员退役时，他会遭遇中年危机，可能持续6个月左右。我记得安东尼奥·戴维斯曾经帮我分析，每个球员退役后，大多会陷入怀念的长河中。你想念和队友在一起插科打诨，谈论家人、工作、政治和人际关系的日子；想念你作为团队一员，周围都是好兄弟的日子。那些好兄弟，来自五湖四海，有的人父亲是职业球员，家里堆满奖杯和亮闪闪的戒指，裱起来的球衣，还有签名篮球，这些东西背后都有动人的故事，每晚睡前父亲都会讲给他们听；也有的人来自单亲家庭，母亲养家糊口，父亲永远缺席，兄弟们不是犯事入狱，就是横死街头，他们的家里满是蟑螂和老鼠，终日与“瘾君子”和冷血杀人犯为伍，他们需要一个机会，从这样的生活里挣脱出来，为此他们甘愿做出任何牺牲；有的人来自穷乡僻壤，没有人相信他们可以成才，5 岁开始，教练就狠练他们的基本功，为了比赛，也为生活，他们学会如何展示自我，激励自我，超越所有人的认知，让上帝垂青于他们。

当一位球员退役，他肯定会想念这些家伙，想念这支球队，这群人。至少我听到的声音皆是如此。

最近我们刚搬到新家。以前住的地方靠近山谷，街道陡峭蜿蜒，现在新家的位置离那边比较远，地势更平坦一些，附近的公路可以骑单车。这是好事，因为尽管我的儿子已经 11 岁，还不会骑单车。我们以前住的地方骑不了，我又比较忙，没时间带他去别处学骑车，对此我负有主要责任。在篮球方面，他知道如何打挡拆，怎么换防，是走上线还是从挡拆人身后绕过去。他也知道哪位教练教得好，裁判什么时候的吹罚很糟糕。他还了解素食食谱、一天两练卧推和如何应对记者采访，知道总冠军游行是什么感觉，以及一名成年人刚错失总冠军，伤痕累累地深夜回家是什么样子的。

但是，他还不会骑车。所以这个休赛期，在我们四年三冠之后，我打算花点时间教他骑车。希望有一天，我们可以一起在开阔的公路上骑车比赛。因为在这个赛季的某个时刻，我放眼望去，加利福尼亚的山谷让我想起了自己的童年生活。在斯普林菲尔德的空地上奔跑的感觉依旧记忆犹新。

天空无限悠远，太阳照常升起。

真好，我感觉一切都回到从前。